スポーツ精神科医が教える

Can be used in daily life Sports mental

日常で活かせる スポーツメンタル

精神科医・スポーツメンタルアドバイザー
木村 好珠

法研

はじめに

みなさん、はじめまして。精神科医の木村好珠です。

まずは、この本を手に取ってくださったことに感謝を申し上げます。私は普段、精神科医として、うつ病や不安障害といった精神疾患を抱えている方の外来をするとともに、現役アスリートからジュニアユース、ユースといった将来のプロアスリートを目指す10代の少年少女たちまでのスポーツメンタルに携わっています。

私がスポーツメンタルの分野に携わった理由は3つあります。

1つ目は、現在のスポーツメンタルはアスリートのメンタル向上に目を向けてばかりで、マイナスな思考へのアプローチが少ないこと。アスリートというと、どうしてもメンタルが強いというイメージが強いですが、イニエスタ選手やブッフォン選手といった超有名選手でさえも、うつ病を告白したように、時にはマイナスな気持ちになることもあります。どんな選手だって、アスリートである前に人間なのです。ですから、その沈んだ気持ちも含めて、一人の人間としてのアプローチが必要であると思ったことです。

2つ目は、未だに日本ではスポーツ選手のスポーツ以外での地位が確立できていないこと。〝スポーツバカ〟という言葉があるように、スポーツをしてきた経験をスポーツ以外に活かせている人が少ないのです。小学生、中学生とスポーツをがんばってきた選手が、「勉強かスポーツかどちらかを選ばないといけないからスポーツをやめます。プロになれる保証はないし……」と夢半ばで諦めてしまう例は少なくありません。スポーツでプロになるまで続けてきたような選手が、本当にバカなのでしょうか。私はそうは思いません。例として、海外での事例をあげてみましょう。私が好きなサッカー選手であるコンパニ選手はマンチェスター・シティという世界最高峰のチームでCB（センターバック）として活躍し、ベルギー代表としても活躍した選手です。2019年のプレミアリーグ、リバプールとの優勝争いの最中では、自身もびっくりの素晴らしいゴールでマンチェスター・シティを優勝へと導いた超絶かっこいい元キャプテンです。彼は、現役時代に選手として活躍しながらビジネススクールに通い、MBA（経営学修士）を取得しています。これは、幼い頃から母親に学業を突き詰めることはとても重要だと教わってきたからだそうですが、コンパニ選手はもちろんサッカーだって他のプロに引けを取らないくらい練習してきたはずです。サッカーと勉強を両立してきたわけですね。

日本人だから両立が不可能というわけはないし、むしろ「スポーツをしてきたから、勉強もできました！」という例が必要ではないでしょうか。これは、現在スポーツ幼児園ができているように、少しずつ浸透してはいますが、本気でアスリートを目指しながら勉強と両立する世界ができているかというと難しいし、逆にその勉強脳をスポーツに活かそうという発想もまだまだ少ないです。ここにどうにかアプローチするためには、思考を磨くことが必要だと思いました。

3つ目は、もともとスポーツが大好きだということです。幼い頃からずっとサッカーを観て育ってきており、中高生時代は毎週末スタジアムに通い、サッカーの楽しさを感じていました。医学部受験のときには既に、「スポーツに携わりたいんです！　スポーツメンタルに進みたいので受験しました」と面接で言っていたくらい、スポーツは私の生活の一部でしたし、どうしても仕事として携わりたかったのです。

この3つにより、私はスポーツメンタルに携わるようになりました。

では、今回この本を書かせていただいたきっかけを。最初、本のお話をいただいたとき、アスリート向けのメンタル本という方向性でした。しかし、スポーツメンタルで色々なアスリートに携わっているうちに、そして外来でアスリートではない方々と接しているうちに、私はあることに気がつきました。

（あれ？　基本的な考え方って、あんまり変わらなくない？）

先ほど書いたように、どんなに強いと思われているアスリートでも、まずは人間なのです。お母さんから生まれて、小学校に行き、同じ授業を受け、テストの点数でドキドキして、悪いことをしたら教室掃除をさせられる——生きてきた道にそんなに違いはありません。ですから、本来持っているメンタルは同じで当然なのです。だったら、スポーツメンタルを日常生活の中に活かせないか……そう思って、スポーツメンタルのメソッドを少し一般化して患者さんの診察でお伝えしてみました。

基本的に、精神疾患の最大の原因はストレスです。日常の中での過労や人間関係、色々なところで感じるストレスがある一定のところを超えると、それが症状となって現れます。試合のたびに色々な方面から評価され、成績がお給料や選手生命にダイレクトに影響するアスリートがいつもの自分をいかに出すか。その作業は常に自分のメンタルとの戦いです。言い換えれば、自分に向かってくるストレスとの戦いです。もちろん、ストレスの量や内容は私たちと同じではないですが、それは誰だってみんな違います。実際、スポーツメンタルのメソッドを話した患者さんからは、日常の中でストレスを感じることが少なくなったという声をいただいています。そのスポーツメンタルのメソッドを本の中でご紹介していこうと思いました。

私の人生のコンセプトは〝笑顔〟で、仕事をする目的は〝少しでも笑顔の人が溢《あふ》れるように〟です。この本を読んで、日常生活が少しでも生きやすくなり、笑顔の時間が増えた――そうなることを願っています。

目次

第4章　チームの力アップの心得——集団として、組織として

CHAPTER 1

第1章

メンタルの正体

―― 思考、そして感情

メンタルに対する日本と海外の違い

まずはじめに〝メンタルとは何か〟ということについて、海外との違いも踏まえて考えていきましょう。

〝胸〟と〝脳〟——日本と海外の捉え方の違い

日本人に「メンタルって何？」と質問すると、ほとんどの人は「気持ち。心」と答えます。では、「体の部位だと、どこにあると思う？」と質問すると、木村拓哉さん主演のドラマ『プライド』であったように、ポンポンと胸のあたりを叩く人がほとんどです。

では、海外で同じ質問をすると、どういった回答が返ってくるでしょうか？
以前、私が仕事をしているレアル・マドリード・ファンデーション・フットボールアカデミーのスペイン遠征に同行させていただいたとき、アカデミークラスのメンタルコーチと対談させていただく機会がありました。そこで同じ質問をすると、答えは「メンタルは思考。だから、メンタルは脳にあるわ」と日本人とはまったく違う回答が返ってきました。これは、メンタルコーチに限ったことではありませんでした。その場凌《しの》ぎのスペイン語で、レアル・マドリードの練習場内にいるアカデミークラスの選手たち（おそらく高校生だと思います）に手当たり次第「メンタルってどこにある?」と質問したところ、全員揃って**脳を指さしました。**

そもそも、日本と海外では、〝メンタル〟という言葉自体の捉え方が違っているのです。

「メンタル＝思考」の理由を紐解く

では「なぜメンタルが思考と考えられるか」について、考えてみましょう。

●ポイントは〝思考が定まっているか〟

みなさんが、スポーツを観ていて、「この選手、メンタルが弱いな」と思う瞬間を想像してみてください。ＰＫ戦でシュートを外してしまった、決勝の舞台に立ったらいつものプレーが出せていなかった、2アウト満塁で空振り三振で終わってしまった……など、いわゆる大舞台、〝ここで決めれば！〟――という場面で失敗してしまうときではないでしょうか。

では、自分自身に置き換えてみましょう。日常において、どんなときにメンタルが弱いと思いますか？　大事なプレゼンで力を発揮できない、就職活動の面接で全然アピールできない、大きなクライアントの前ではどうしても上手く言葉が出てこない……

こういったシチュエーションで、みなさんはよく「頭が真っ白になっちゃった」と表現するのではないでしょうか。現代風に言うと、テンパっちゃっている状態。この、「頭が真っ白」や「テンパっている」という状態をわかりやすく言語化してみると、頭が回っていない状態、つまり〃思考が定まっていない状態〃と言い換えることができます。

〃メンタルが弱い状態になる〃イコール**〃思考が定まらなくなる〃**

という定義が浮かび上がってくるのです。

● 思考が働いていると適切に対応ができる

では、逆にメンタルが強い状態を考えてみましょう。頭の中に、メンタルが強いなと思うスポーツ選手を思い浮かべてみてください。大舞台でいつも活躍している、大事なシーンでいつも堂々としている、満塁サヨナラホームランを打てる……そんなシーンが浮かんでくるのではないでしょうか?

これも同様に、身近な例に転換してみましょう。みなさんの周りにも、「あの人、いつも適切なことを言うんだよな」とか、「どんな相手でも臆せずプレゼンできるんだよな」という人がいることでしょう。その人たちは、相手が誰であろうと**常に思考が働いているので、適切に対応ができ、変な不安や緊張感を持つこともない**のです。

「メンタルは思考」という考え、ご理解いただけたでしょうか。

日本に伝わる〝心技体〟

日本と海外でメンタルの捉え方が違うからといって、すべてを海外に合わせればいいのかというと、そういうわけではありません。メンタルは思考という考え方に、日本のプラスアルファを加えていきましょう。

●日本では〝心〟の存在を大事にしてきた

海外のサッカーを観ていると、各国様々な特徴があります。守りを固めてカウンターを狙うサッカーだったり、フィジカル重視でとにかく体当たりに攻めるサッカーだったりと色々です。

これは、歴史や文化の違いが大きく関わっているように思います。その国には、その国独自の背景があった上で今があります。それは、国でも人でも同じことです。せっかく私たちは、この日本に生まれてきたのですから、「メンタル＝思考」だけではもったいないです。私たちなりのプラスアルファをつけましょう。

日本のスポーツ界には、昔から〝**心技体**〟という言葉があります。今でも、柔道や空手、剣道などの試合を見ていると、インタビューで選手が言葉にしている姿をよく見かけます。技心体、体技心でもなく、心技体。一番最初に来ているのは〝**心**〟です。日本では、それだけ心の存在を大事にしてきました。

冒頭、「メンタルって何？」と質問すると、多くの日本人は「気持ち。心」と答えると書きましたが、多くの人が感じるように、やはり〝心〟が大事なんですね。

この心技体は、よく精神力(心)、技術(技)、体力(体)の総称と言われますが、先ほどお話しした〝思考〟は、心技体の中では、技に近いものであると捉えています。自分が培《つちか》った技術をどのように繰り出していくか。それは頭で考えることなので、鍛錬《たんれん》と思考が合わさって技となります。

では、心とは何か。心とはすごく抽象的なものですが、常に私たちが持っているものです。それを読み解くには、〝**パフォーマンス**〟というものの成り立ちを考える必要があります。

パフォーマンスは〝何〟を〝どんな気持ちで〟

心技体のうち、日本で大事にされてきたのは〝心〟。その心を読み解くために、パフォーマンスの成り立ちを考えてみましょう。

●技術と体力だけで、良いパフォーマンスを出せるわけではない

いいパフォーマンスを出そうとするとき、私たちは「たくさん練習しないと」とか「体を鍛えないと」といった技術と体力について考えがちです。果たして、それだけで本当にいいパフォーマンスができるのでしょうか。

もし技術と体力だけで、いいパフォーマンスが出るのであれば、メッシ選手

は毎試合華麗なドリブルで相手を置き去りにし、大谷翔平選手は常に二刀流で相手を完封し、ホームランを打ち続けるでしょう。しかし、そんなことはありません。彼らにも好調不調の波があります。

このパフォーマンスの差はいったいどこから生まれるのか。**この差を生む正体こそが〝心〟です。**いいパフォーマンスをするには、心の存在が不可欠。つまりパフォーマンスとはその人が〝どんな技術〟を持ち、〝どんな気持ち〟でやっているのかの集合体。そのふたつを合わせて初めて〝パフォーマンス〟ができるのです。

●気持ちが違うとまったく別の結果が生まれる

このパフォーマンスという言葉は、別にスポーツに限って当てはまることではありません。日常生活でも、勉強のパフォーマンス、仕事のパフォーマンス、家事のパフォーマンス、すべての行動において、このパフォーマンス理論は成り立ちます。

例をあげてみましょう。学生時代の好きな教科と嫌いな教科の授業風景を思い出してください。

私の場合は、物理が大好きで日本史が大嫌いでした。授業の時間はもちろん同じ50分。しかし、物理の時間はあっという間で、「まだまだ問題を解きたい」「先生にも質問したい」「もっともっと物理を知りたい」——そんな気持ちでワクワクしながら授業を受けていました。しっかりと自分の知識にしたいので、復習も自分からやります。

一方、嫌いな日本史は散々でした。「そもそも歴史なんて知らなくて良い」「私は今と未来しか興味がないんだ！」——なんて偉そうなことを言い（今となっては、歴史を学ぶことの大切さが身にしみています）、ぼーっとしていたり、他の教科の問題を解いたり、居眠りもしょっちゅうでした。

そんな感じだったので、授業が終わったときの知識量は比べ物になりません。物理も日本史も〝50分の授業を受けていた〟という事実に変わりはありません。しかし、終わった後の充実度は天と地の差でした。

パフォーマンスの中の〝**何を**〟**の部分は変わらない**のに、知識量という結果はまったく違う——違いが出た理由は、〝**どんな気持ちで**〟**の部分がまったく異なっていた**からです。その一点が違うだけで、同じ時間でもまったく別の結果が生まれるのです。

こう考えると、私たちのメンタルの構成要素が何かもわかってきます。それは〝思考〟と〝感情〟です。仮に**どれだけ思考が定まっていても、そのときの感情が結果にもたらす影響は計り知れません**。スポーツはもちろん、スポーツに限らず、より良いパフォーマンスを目指す中で、思考と感情がどのようなバランスで作用するか、それがとても大切なことです。

◆◆◆ スポーツ選手である前にまず良い人間であれ

パフォーマンスは、〝気持ち〟によって結果が大きく変わってくるものです。そしてだからこそ、〝人間性〟が大切になってきます。

● メンタルは技術・体力以上に根本に身につけたいもの

ここで、海外のサッカーチームのアカデミーで実際に使われている育成ピラミッドを見てみましょう。一番下にあるのがマネジメント。これは、用具の準備だったり、普段の食事や生活習慣の管理だったり、サッカーをするための環境づくりの部分です。用具がないと、そもそもサッカーができないし、食事を

育成ピラミッド

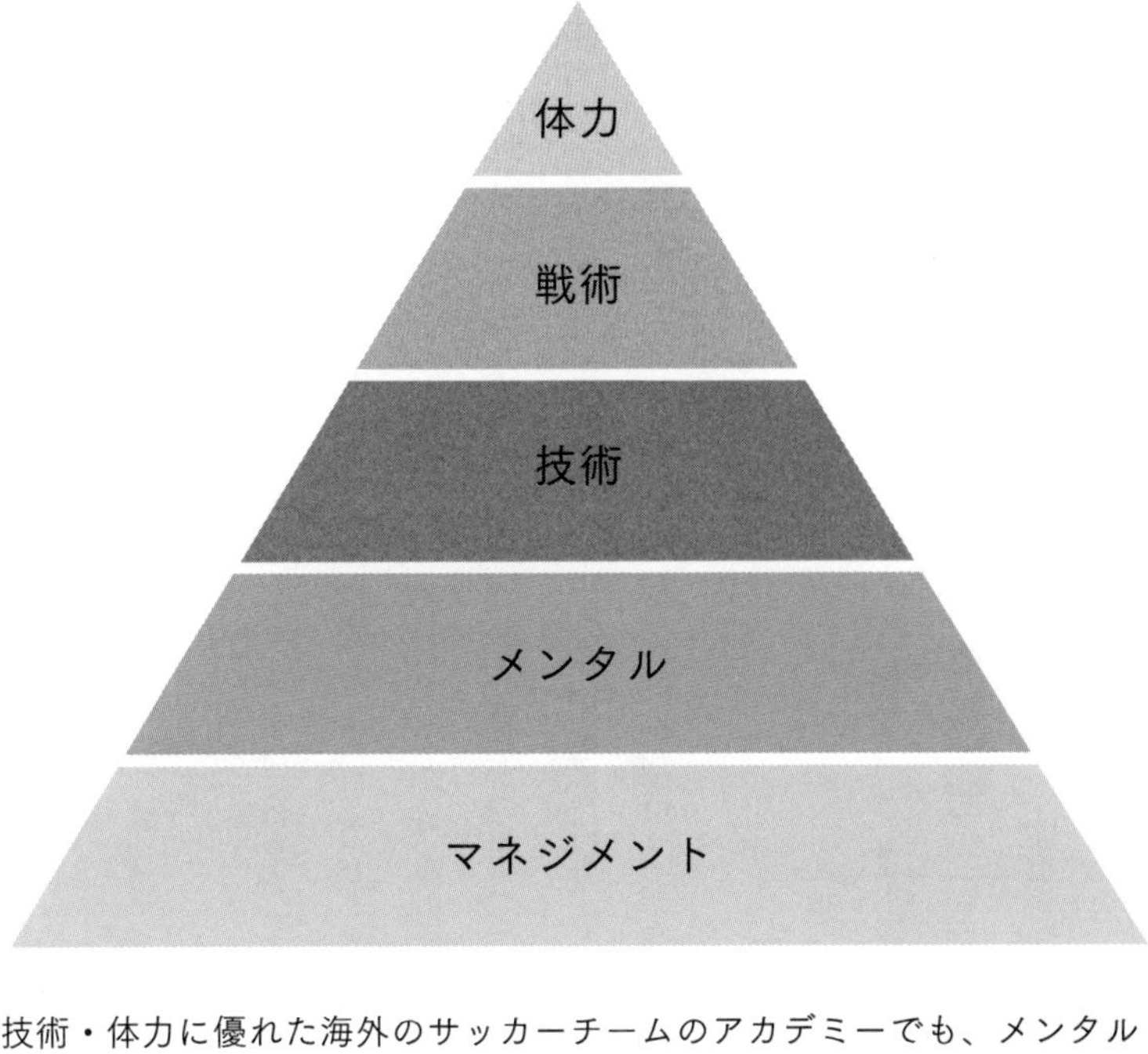

技術・体力に優れた海外のサッカーチームのアカデミーでも、メンタルは技術・体力以上に根本に身につけておかなければいけないものとされています。

摂らないと生きていけないので、ここがピラミッドの一番下になることは、なんとなくわかっていただけると思います。

そして、次にくるもの、それがメンタルになります。日本だと、どうしてもメンタルケアは後回しにして、体力づくりや技術をつけることの方が重要だと見なされることが多いと思います。しかし、あれだけ巧みな足技を繰り出し、激しくぶつかっても倒れない強靭《きょうじん》な体幹を持つ海外選手であっても、メンタルというのは技術・体力以上に根本に身につけていないといけないものなのです。そして、最初に出たマネジメントとメンタル、このふたつは家庭内でも「意識によって身につけられるものだ」と教えられています。

先ほど、スポーツ以外の場面でも、すべての行動でパフォーマンス理論は成り立つとお話ししました。パフォーマンスの構造は〝何〟を〝どんな気持ちで〟です。これは、スポーツをしていないときでもそう。仕事だって、勉強だって、ご飯を食べるときだって、行動には〝どんな気持ちで〟がついてきます。ですから、**常に私たちはメンタルを働かせて行動しているのです**。本を読んでくださっているこの瞬間も、みなさんはメンタルと関わって行動しています。

これは、海外でメンタルと捉えられている〝思考〟の訳し方でも同じことが言えます。私たちが話しているとき、「なんの話が適しているか」「相手は理解してくれているだろうか」「もっとこんな表現をしたらわかりやすくなるな」と思考を駆け巡らせているはずです。ご飯を食べているときだって、「野菜不足にならないようにしよう」だったり、「こんなに食べたら太るな」だったり、「次はこれを食べよう」だったり、色々考えながら食べています。

誰しもどの瞬間でも、メンタルは働いているものなのです。ということは、スポーツメンタルを育てるのは、決してスポーツをしているときだけでなく、日常生活の中から育めるものですし、**スポーツメンタルを知ることは、日々をよりよく過ごすために使える**ということになります。

●必ずしも練習量が多ければいいというわけではない

ちなみに、日本はスポーツにおける練習時間が、海外に比べて圧倒的に長いと言われています。練習量の多さは、もちろん技術を身につけるにはとても大切です。しかし、ただひたすら練習をしているのが必ずしもいい結果を生むわけではありません。実際、海外リーグのサッカーを観ていると、日本より練習時間が短いとは到底思えないようなテクニカルなプレーがどんどん繰り広げられます。身長や筋肉のつき方など、体の違いはありますが、短所と長所があるのはどの国も同じこと。日本より練習量が短くても華麗なプレーをできる理由が、体の違いだけにあるわけではないでしょう。

そう言うと今度は、「それなら海外の選手が練習量を増やしたらもっと上手くなるのでは?」と考える人がいるかもしれません。しかし、海外では、そういった発想はしていません。むしろ、他のスポーツや勉強などサッカー以外の

同じサッカーでも海外と日本の考え方の違いを強く実感したレアル・マドリード・ファンデーション・フットボールアカデミーのスペイン遠征にて。

時間を持つことを大切にしています。

レアル・マドリードのコーチによると、学校の成績が悪すぎると、サッカーの練習時間に制限がかかったりするそうです。「なぜそうなのか？」と尋ねると、「サッカー選手になる前に、まず人間だから。私たちは、より良い人間を育てる」という言葉が返ってきました。世界最高峰の選手を育てるチームでさえ、〝**まずはいい人間であれ**〟**ということを重要視**するのです。

いい人間であるために、勉強や他のスポーツをすること、そして私たちが日常のどんなときでも使っているメンタルを整えること、これが大切になってきます。


なお、このようにメンタルは誰もが常に使っているものなのですが、それがなぜ、スポーツにおいて重要視されるかというと、それにはいくつかの理由が考えられます。

ひとつは、スポーツでは、試合をはじめ思考が定まりにくい状態に陥る頻度が高いこと。また、スポーツそのものに同じ状況というものがなく、常に自分で状況を判断し、考えて行動するため、常に思考を張り巡らせることが必要となること。それから、人からの注目を受けやすく、外的要素のために思考が暴走状態に陥りやすくなることがあげられます。この〝思考の暴走〟については、あとで詳しくお話しします。

メンタルは整えるものである

メンタルについての理解が、だいぶ深まってきたと思います。では、そんなメンタルをどうするのが望ましいでしょうか？　キーワードは〝整える〟です。

●メンタルは〝強い・弱い〟で単純には表せない

メンタルというと、〝トレーニングして強くする〟というイメージがあると思いますが、そもそもメンタルは〝強い・弱い〟で評価するべきものでしょうか。

私はよく周りの人から、「メンタル強いよね」と言われるのですが、自分自身では「私、メンタル強いなー」とは思っていません。だからと言って、「私ってなんてメンタル弱いんだろう」とも思いません。なぜなら、〝強い・弱い〟というものさしでは測っていないからです。

また、メンタルが強いと言われる人は、自信があってどんなときでも落ち込まないと思っているかもしれませんが、私のことでいえば、めちゃくちゃ傷つくし、悲しむし、落ち込みます。ですが、私が落ち込んでいると、びっくりされることがあるんですよ。失礼な話ですよね(笑)。という冗談は置いときまして、落ち込むことがあるのは、人間だから当たり前なんです。おそらく、世の中で**メンタルが強いと言われているどんな人であっても、落ち込むことはあります。**

誰しもが落ち込むことがある中で、〝強い・弱い〟という単純な表現だけでいいのでしょうか。

落ち込んでいるときは弱っている？
落ち込んでいないときは弱っていない？

〝強い・弱い〟という表現を使うときは、基本的に誰か（不特定のときもある）比べる対象があります。しかし、メンタルって人と比べられるものでしょうか。先ほど、パフォーマンスは〝何〟を〝どんな気持ちで〟で表すという話をしました。より良いパフォーマンスのときに「メンタルが強い」と言われるのでしょうが、〝どんな気持ちで〟はなかなか強弱では表せませんよね。そして、人と比べられるものでもありません。

●〝強い・弱い〟で判断すると偽りの強さに自分を追い込みかねない

では、〝強い・弱い〟ではなく、なんと表せばいいのか。これは〝整える〟

誰でも落ち込むことがあるのは当たり前。私も落ち込むことはあります。

という言葉が適切かな、と思います。昔、サッカー日本代表・長谷部誠選手の著書のタイトルに『心を整える。』というものがありましたが、それを見たとき、「まさに！」という印象を受けました。整えるという言葉には、人と比べる意味は含まれません。整えるのは、ただの行動であって、自分自身にしかわからないもの。人から評価されているのは、試合の結果であって、〝どんな気持ちで〟の部分は本人にしかわからないし、司《つかさど》っているのは自分自身です。

他人のメンタルのすべてを見られる人はいないでしょうし、私たちが「メンタル強いよなー、弱いよなー」と評価している選手たちだって、**見えているのは結果だけで、そこに至るプロセスなんてまったく見えていません。**私は「メンタル強い」って言われたとき、「私の全部を知らないよな？　見せてない一面もあるんだよ」と思ってしまいます。

そして、メンタルを〝強い・弱い〟で判断すると、常に強くないといけない気がしませんか？　弱っていること、落ち込んでいることを〝ダメな状態〟としてしまって、少し落ち込んでいたとしても強い自分、落ち込んでいない自分を演じようとする――果たして、これが本当に強いと言えるのでしょうか。むしろそのごまかしは、最終的に自分を追い込むものになる可能性があります。

この場合の偽りの強さは、〝虚勢を張る〟という見え方をされがちです。メンタルが強い人というよりは、傲慢《ごうまん》で自分勝手、「あいつ、めちゃくちゃプライド高いよなー」と、あまりいい印象を与えません。

●その人にあった〝丁度良い〟を見つければいい

私は、診察で時々漢方を処方します。東洋医学の考え方はとても面白くて、〝いい状態を目指す〟というより、〝中庸《ちゅうよう》〟つまり〝**丁度良い加減を目指す**〟ということをゴールにしています。

例を出すと、むくみを主訴《しゅそ》に来院された患者さんに、西洋薬だと、もし臓器の中は脱水状態だったとしても、さらに水を抜くことになります。しかし、漢方だと、体内の水を調整することが目的なので、それ以上無理やり水を出すようなことはしません。あくまで、体内の水分量を整えるイメージです。

この中庸を目指すという考え、その人にあった〝丁度良い〟を見つけること、すごくメンタルを整えることに通じるものがあると思いませんか？

そんな東洋医学では、体が〝気《き》・血《けつ》・水《すい》〟の3つの要素でできていると言われています。〝血〟と〝水〟はわかりますが、わざわざ目に見えない〝気〟の存在を示しています。

目に見えないものが、しっかり体に影響を及ぼしている――それが気持ちの〝気〟なのです。メンタルを整える、気を整えることは、体の健康をも左右するとても大切なことです。

メンタルは本当に強くなるものか？

いくらメンタルは〝整えるもの〟といっても、メンタルを「強くしたい」と考える人もいます。そこで、メンタルの強さについてもう少し掘り下げてみましょう。

●〝メンタルが強い〟とはどういう状態か

メンタルの尺度を〝強い・弱い〟に設定し、強くなりたいという声はたくさん耳にします。私は、Jリーグチームのアカデミー世代（小中高校生）のメンタルをみさせていただいていますが、小学生からも、「先生、メンタルを強くするにはどうしたらいいですか？」という質問をよく受けます。またこの質問は、スポーツ選手やスポーツ選手を目指す子供たちだけに限ったことではありません。診察室で患者さんからも、「私、メンタル弱くて……いつも緊張しちゃうんですよね。だから会議前とか不安で……どうすればメンタル強くなりますか？」と聞かれます。どんな職種であれ、メンタルを強くしたいと考える人は一定数いるようです。

では、本当にメンタルは強くなるのでしょうか。それを答えるには、〝メンタルが強い〟に意味づけをしないといけません。どういう状態をもって、〝強い〟といえるのでしょうか。

一般的にメンタルが強い状態とは、スポーツであれば、〝試合など大事なときに失敗しないこと〟が一番イメージがつきやすいと思います。日常生活でいえば、〝大事なプレゼンで上がらないこと〟。あとは〝先のことを考えて不安にかられないこと〟。これもひとつのメンタルが強いといえる状態でしょう。

● 時間をかければ、メンタルを変えることはできる

では、元々緊張しやすい人が緊張しなくなることは可能なのか。結論から言うと、可能です。実は私もその一人。私は元々、定期テストや模試でも緊張してお腹が痛くなってしまうようなタイプでした。中学生くらいまでは、背が低かったことも加味し、引っ込み思案で前に出ないタイプだったと思います。でも、今は何十人とか100人以上の前とかでも、講義をすることができます。会社の社長さんを前にしても、生意気かなと思えるくらい、ハキハキ話します。**人間の思考は変えられる**のです。

もちろん、私だってここまでのプロセスの中には失敗もありました。ある日を境にいきなり「はい！　メンタル強くしよう！」というのは難しいことですが、時間をかければ、メンタルを変えることは可能です。

ただ、大人になると少し厄介です。それは、自分の生きてきた過程の中で色々

な経験をすることで、肩書きやプライドをはじめ、色々なものを背負いますし、多くの大人は成長途中という気持ちがないので、「強くなりたい」と言いつつ、「自分はメンタル弱いんだ」という**レッテルを既に自分自身に貼っているから**です。

●意識的に吸収して身につけていくことが必要

でも、**メンタルも言語も同じで、常に使っていると自然に身につく**もの。メンタルが整っている人は、この本の中でお話しする内容を幼い頃からやってきた結果、自然と身につけた人だと思います。最初はわからなかった日本語が、今流暢《りゅうちょう》に出てくるのは、幼い頃からの反復のおかげです。でも、大人になってから「フランス語を話せ！」と急に言われても、幼い頃より大変ですよね。メンタルも一緒。幼い頃からやっていれば簡単に身につくので、大人になった

元々は引っ込み思案の私でも、メンタルを変えることで、今ではたとえ何百人を前にしても、平然と講義をすることができています。

あとも考えることなく自然にできます。でも、昔からその文化に触れていなければ、大人になってからは意識的に吸収していかないといけません。だから、過程は少し大変ですが、今からでも語学を習得できるように、メンタルだってで**何歳から取り組んでも遅くはありません。**これから、具体的なスポーツメンタルを活用したメンタルの育み方をご紹介していきますので、ぜひ吸収していただきたいと思います。

ちなみに私は日頃から、メンタルは強くするのではなく、育んでいくものだと表しています。それは、メンタルを構築する過程が一人の力ではない場面が多いからです。幼い頃であれば、親やコーチの力を借りますし、大人になってからでも、凝り固まったメンタルを解きほぐし、気づきを得ることはなかなか自分一人では難しく、人と接し、色々な場面をくぐり抜ける中で身につけるものだからです。

CHAPTER 2

第2章

コミュニケーションの磨き方

―― 他人軸から自分軸へ

自分の感情に鈍感な日本人

自分の意見を言わず、ただ一方的に聞いているだけでは、上手なコミュニケーションは図れません。でも日本には、周りに合わせることに主眼を置くあまり、主体性を失ってしまい、主張するのは苦手という人がたくさんいます。

● 空気を読みすぎることは弊害にもなる

日本では昔から、自分の主張が上手くなることよりも、周りと足並みを揃えること、謙遜することに重点が置かれる文化があります。学校でも会社でも「あの子って空気読めないよね」とか「もう少し空気を読んで生活しろ！」といった声が聞こえ、診察室でも「空気が読めないって言われるんですけど……どうしたら空気が読めるようになりますか？」と、あたかも空気を読めることが社会を生きていく上での必須条件であるかのような声が聞こえてきます。

もちろん、他者への気配りができることは大切ですが、果たして空気を読むことだけが正解なのでしょうか。常に空気を読む行動ばかりにとらわれていると、時に自分のメンタルの不調に気がつくことができない脳になってしまいます。精神科を受診される患者さんの中には、「自分が怒られているわけではないんだけど、部長が常にイライラしているから不安になってきて……」ということや「彼氏がいきなり不機嫌になるから、それを見ていたら、いつ不機嫌になるのかと思って、眠れなくて……」ということを主訴《しゅそ》に来院される方がいらっしゃいます。その人たちに共通することは〝**自分がどう思ったか、自分がどうしたいかはよくわからない**〟ということです。

今の日本では、小さい頃から、周囲の人の空気を読むことを望まれる空気が流れているのでしょう。そういう人は、自然と周囲の雰囲気を察知して、常に〝周りの人がどう思っているか〟を軸に生きていきます。

そうすると、行動についても、〝親がこうして欲しそうだったから〟といった理由で行動するようになります。たとえば「ピアノをがんばれ、勉強をがんばれって、いつも親に言われていたからやってきました」となり、話の主人公が自分ではない誰かになってしまいます。**感情も行動もすべてが他人任せ**なのです。

●〝軸〟が他人にある生活を送ってしまっている人が多い

日本では、基本的に学校でもカリキュラムが決まっており、自分で選択するようになるのは大学に入ってからのことが多いのが現状です。家庭でも、「〇〇しなさい」「〇〇しちゃダメ」という言葉が頻繁に飛び交うため、自ずと自分で「これをしたい、そのためにはどうすればいいか」などと考えて行動することが少なくなっていくのです。

私はこれをよく、〝**他人軸・自分軸**〟という言葉でお話しします。

軸が他人にある生活をしていると、自分に軸を持ってこようと思っても、なかなかすぐに戻すことはできません。言われたことをそのままする方が自分で考えない結果、楽ですし、長年そうしていると、そもそも自分が何をしたかったのか、何にワクワクして何に苛立ちや不満を感じるのか、だんだんとわからなくなっていきます。

自分の感情を主張しないため、その不満や苛立ちが溜まっていくのに、なかなかそれに気がつくことができず、自分でわかったときには〝ドッカーン！〟という状況にもなりかねません。

また、他人軸の人は、自分の行動に対しても「悪いとは思っているけど、でも、そう言われたから……」と他人の気持ちを読み取ろうとする一方で、自分の行動に責任が持てない思考になっていることもありがちです。

この〝他人軸〟の人、実はかなり多いんです。心当たりはありませんか？

自分の意見を言うことは間違っている?

意見を言うのが苦手という人、結構いると思います。でも、意見を言うことに臆病になる必要はありません。大切なのは言い方です。意見を言ったからといって、人を不快にさせるわけではないのです。

● お互いの意見を受容しながら対等に話せることが大切

自分に軸がなく、他人に軸を置いて生活を送っている人は少なくありませんが、そんな多くの他人軸さんは、自分の意見を言うこともあまり得意ではありません。そもそも自分の意見がない、という人もいますし、自分の意見を言ったら、周りにどう思われるか……と周りの目を気にして言えなくなっているケースもあります。

そんな人にお話ししたいのは、〝自分の意見を言う〟という行動――それは言い方によっては決して人を不快にさせるものではないということです。

それでは、〝正しい自分の意見の言い方〟とは、どんな言い方でしょうか。自分の意見を主張する代表的なシーンを思い浮かべてください。みなさんが見たことがある光景で考えたいので、例として、政治家の国会中継を思い浮かべてみましょう。

国会での議員の発言、もちろん〝正しい自分の意見の言い方〟をしている人もいますが、多くは〝良くない自分の意見の言い方〟になっています。どこが良くないかというと、意見を言うときに「あなたのこの発言は良くないと思う」だったり、「もっとこうしないと」だったり、とにかく内容が人に対することになっていることです。しかもすべて否定的な内容。

〝人に意見を言う〟イコール〝人に指図をする〟という間違った公式が出来上がってしまっています。しかも、口調も強く、決めつける発言内容が非常に多い。こういった決めつけの発言は、相手への尊重がまったくありません。

本当の〝自分の意見を言う〟という行為は、「私はこう思う。あなたはどう思う？」と目の前の人も対等に話せること。お互いに意見を言える、そしてそれを受容するという姿勢になるには、まずは二人に「**どちらが上か下かもない、対等な人間なんだ**」**という認識が必要**です。それを見せて初めて意見を言うことができます。

あなたの意見、ちゃんと受け止めますよ――と見せることがとても大切なことなのです。

◆◆◆ 相手に受け入れてもらえる話の聞き方

相手を尊重しながら意見を言うことが大切だとわかっても、その姿勢を身につけただけで、上手に主張ができるようになるわけではないでしょう。意見を言うときには、相手に受け入れてもらいやすくするコツがあります。

● 最初から否定してしまうのは得策ではない

「あなたはどう思う？」と聞かれても、「同調しておかないと気まずくなるのでは……」と思う人は、自分の意見の言い方をもう一度見直してみましょう。

今まで、上司に「このプラン、君はどう思う？」と聞かれて、自分と違う意見のとき、何と答えていたでしょうか。

「私はちゃんと自分の意見を正直に伝えた！」という人の中にも、「それは違うと思います！」だったり、そこまで強く言わないにしても、「でも……」という否定から始めていたりしないでしょうか。「だって、否定したかったんだから、否定から始めるのは当然じゃん！」と思われる人もいると思いますが、私は何も「否定せずに上司に合わせろ」とは言っていません。むしろ、自分の意見はしっかりと言葉にするべきです。

しかし、**最初から否定の言葉を使ってしまうと、相手はまず自分の意見を完全否定されたと思います**。誰でも、自分のことを否定されたら嬉しいものではありませんよね。ですから、最初から否定をするのではなく、たとえ完全に的《まと》を外している内容であっても、「そういう意見があるんだ」とまずは受容すること。そして、もし間違っていると思うのであれば、その発言の理由を聞くこと。もしかしたら、そこから新しいアイデアが出てくるかもしれません。

● 不満を抱えたまま従っているのは問題解決にならない

サッカーの試合前の監督と選手の会話を例にしてみましょう。サイドバックの選手が監督から「君はとにかくサイドを走ってクロスをあげまくれ」と言われたものの、選手本人としては「次の試合の相手は中を狙ってくるはずだ」と考えていたので、監督の指示に反論してみたいと思ったとします。そのとき、反論したいという思いがあるにもかかわらず、「はい、わかりました」と何も言わずに承諾《しょうだく》したら、まったく問題解決になりません。モヤモヤしたままでは、プレーする本人には不満が溜まりますし、不満を抱えたままプレーをしていたら自分本来の力が出せないかもしれません。その結果、監督のフラストレーションも溜まることになったら、完全に本末転倒です。

この場合、「わかりました」と言いつつ、試合で違う動きをするという選択肢もあるでしょう。しかし、監督は試合前、みんなに「今日はどんな試合内容にしよう」というような試合に対する共通イメージを与え、個々の選手に対する指示も、その内容に準じて行っているはずです。もし、一人の選手がいきなりその共通イメージに反したプレーをしたら、チーム全体の連携がまったく取れなくなるかもしれません。監督にしてみれば「何をやっているんだ！」と試合中に憤慨《ふんがい》することになります。

そう考えると、選手はやはり監督から最初に指示を受けたときに、自分の意見を言った方が良さそうですよね。では、立場が上である監督の話をどう聞いて、どう返せばいいのか考えてみましょう。

●まずは受容することから意見の交換が始まる

最初に私たちがするべきことは、〝受容する〟こと。先ほどの例でいえば、監督の**意見が違うということは、自分とは違う角度で見ている**ということもできます。もしかしたら、自分がまだ理解していないチームが目指す新しい方向なのかもしれないし、その選手の特性を活かそうとしてくれているのかもしれません。監督も自分と同じように色々なことを考えてその発言をしているはずです。

ですからまずは、その**発言をしっかりと受け入れます**。もし、発言の意図がわからないのであれば、態度ではなく言葉に出して質問しましょう。その際、否定ではなく、疑問としてというのが重要です。「監督のその意図はどこにありますか？」と質問すれば、監督も理由を話してくれるはずです。

それを聞いた上でも、自分の考えの方が適していると思うなら、そこで改めて、「ありがとうございます。監督の意図わかりました。実は、僕も少し考えてきたので、聞いてもらってもいいですか？」と前置きをつけて話したら、どんな監督でも話を聞いてくれるはずです。むしろ、「しっかりチームのことや試合のことを考えてきたんだな」と評価が上がるかもしれません。相手が意見を受け入れてくれたことで、監督の方も「選手の意見も聞いてみよう」と思うことができ、受け入れる態勢になります。ここで初めて、立場の上下を越えて、意見の交換が始まります。

ちなみに、私の経験談になりますが、皆から尊敬されていたり、地位が高かったりする人であればあるほど、自分に意見を言おうとする相手がなかなかいないためか、かえって面白がって、意見を聞いてくれることが多いです。最初は少し勇気がいる行動かもしれませんが、ぜひその一歩を踏み出してみてください。よく言われることですが、**迷うのであれば、行動してみた方がスッキリします。**

◆◆◆ 話を聞いてくれない状況は、自分が作っている？

自分は正しく意見を言うことができても、相手に期待ができないと思う人もいるでしょう。でも、それは本当に期待できないものでしょうか？

● 想像で結論を出してしまっていることがある

いくら相手を尊重しながら意見を言うことが大切といっても、「私の周りのお偉いさんは、昭和の男って感じで、自分の話なんか聞いてくれない……」そう思う人もいることでしょう。では、そんな人に質問です。実際に、そのお偉いさんに意見を述べたことはあるでしょうか？　そう聞かれると、こんな答えが返ってきませんか？

「いや、そう言われると……だって怖いし……いつも命令口調だから、意見を言う隙もないんです。とにかく話を聞いてくれないんですよ」

はい、ここです。この〃上司が怖い〃〃話を聞いてくれない〃という発言、これは事実というよりは、**あなたの脳内が作った想像の話**です。

空気を読むことに特化した日本人には、ずっと空気を読んできたことで、先ほど述べた〃自分の意見や行動が見つからない〃ということ以外にも、もうひとつの弊害が生まれています。それは、〃**事実と想像を混同する**〃ということです。

今あげた例で言うと〃上司が話を聞いてくれない〃のは、あくまで想像です。自分から意見を言って、全然聞く耳を持たれなかったという本人の経験がなければ、これは自分の脳内が作り出した結論なのです。

確かに、この結論は今までの上司の態度や行動からトータルに判断した結果、導き出されたものだとは思います。同期の意見がまったく聞き入れてもらえないという光景を、今まで見てきたからかもしれません。しかし、その同期の意見の内容や口調、すべてを把握しているのでしょうか。おそらく、そこは消し去り、「同期が意見を言っても聞き入れてくれなかった」という結果のみを頭の中に記憶しているのではないでしょうか。

●想像は悪い方に流れていくもの

この〝想像〟というのは非常に厄介なもので、悪い方、悪い方に考えていきます。こうなったらどうしよう、ああなったらどうしよう……このスパイラルに巻き込まれると、脳内はもう不安でいっぱいとなり、本来なら簡単にできる行動やするべき行動が取れず、ただただ空気を読もうとします。そうして余計なことばかり考えた結果、集中力が切れて失敗し、さらに想像が膨らんでいきます。

これを私は〝**思考の暴走**〟と呼んでいます。こうなると、メンタルはどんどん崩れていきます。メンタルの構成要素のひとつである〝思考〟の方がどんどん大きくなっていき、〝感情〟の方が入る隙がなくなっていきます。自分がどうしたいのかを考えることがなくなり、外的要素ばかりがメンタルを蝕んでいきます。

こうして、**事実とは違う概念が頭の中を占拠していき、さらに自分の意見を言えない状況を作ってしまう**のです。もちろん、ハラスメント体質の方はいますので、一概にこれがすべてとは言えませんが、少なからず、自分でこの状況を作ってしまっている人もいるのです。

上司や監督といった立場が上の人に対して、あなたは「本当に向き合ったことがないな」と感じることはありませんか？

〝ダ行の言葉禁止〟を意識してみよう

先ほどの受け答えの例の中に、私は〝でも〟と〝だって〟というワードをあえて入れました。実はこの言葉、自分の意見を言う上で、とても大きなポイントになる言葉——避けた方がいい言葉なのです。

●ダ行の言葉は口癖になってしまうこともある

私はよく診察で、「今から、ダ行の言葉禁止!」ということを口にします。

先ほどあげた〝でも〟や〝だって〟以外にも、〝だけど〟〝どうせ〟といった類の〝ダ行から始まる言葉〟の禁止です。

〝でも〟や〝だけど〟という言葉は、必ずその前に誰かの発言があり、それを否定するときに使う言葉です。この言葉を最初につけられた場合、相手はそのあとに続く言葉が自分と反対の意見であると認識するのと同時に、否定されたという印象も受け取ります。〝どうせ〟という言葉は反対の意見とは限りませんが、少なくとも対等の立場での意見交換について拒否している印象を与えますし、自分の意見をぞんざいに扱われた、と感じる場合もあります。

また、〝だって〟という言葉は、確実に言い訳です。この章の最初に「対等の立場で話すことは対話の中で重要だ」と言いましたよね。言い訳をする時点で、それは対等な会話ではなくなり、自ら上下関係を作ってしまっています。

このダ行の言葉たちは厄介で、本来なら言葉の最初につける必要がないにもかかわらず、使っていると口癖のようにつけてしまうようになります。

先ほどの監督と選手の会話でも、「サイドからクロスをあげまくれ」と言う監督に対し、「僕なりに考えてきたのですが、相手のチームは……」と話せばいいところを、ダ行が口癖になっていると、「でも、僕はこう思うんです！」と言い返してしまう――そんな人、いますよね？

ダ行の言葉は、本来は**自分の意見なのに、あたかも反論をしているような印象を与えてしまう言葉**なのです。また、ダ行の言葉を使うときは、大抵言葉尻が強くなります。そして、ダ行の言葉には、発声時に口角が上がる文字がないので、表情も自然と悪くなっていきます。

思い返して見ると、結構いるんです。「でもさー、どうせね……」などと頻繁に口に出す人。私はそういう人を見ると、なんとなく「もったいないなー」という気持ちになります。せっかく楽しい話をしていても、ダ行の言葉を使う人は、目線も下を向き、頬杖《ほおづえ》をついて楽しくなさそうにしている――そんな人と、積極的に話したいと思うでしょうか。ダ行の言葉を使うということは、会社やチームといった中での人間関係だけでなく、一緒にいる友達にも不快な思いをさせることになるのです。

◆◆◆ ○○してあげたのは誰の意思？

ダ行から始まる言葉のほかにも、もうひとつ、私が禁止にしている言葉があります。それは〝○○してあげた〟〝○○してあげる〟です。

●行動に対価を求めない

〝○○してあげた〟〝○○してあげる〟――この言葉、小さい頃からなんとなく使っているものです。大人になって、彼氏彼女ができると、そこでも「私はあなたにこんなにしてあげたのに！」とか、「この間、これしてあげたでしょ？」のような使い方がされがちです。

（あっ、私、結構使っているかも……）

と思い当たった人はいませんか？

これ、使っている側は自然と出すぎて気がついていないかもしれませんが、相手にとってはかなり嫌な言葉です。

そもそも、〝○○してあげた〟という言葉は、対価の**交換条件のような印象をもたらします**。これをやったら相応の見返りがある、ということを前提としているわけです。

事前に「私はこれをやるから、あなたはこれをやって」というような条件が既に話し合われているのであれば言うこともありだとは思いますが、そうでなければ、この前提はあくまで自分の中で勝手に作った条件です。〝○○したから、△△が相応だ〟というのは、人によっても尺度《しゃくど》が違いますから、勝手に押しつけられるものではありません。

また、〃〇〇してあげた〃に続き、〃〇〇してあげる〃については、簡単に言えば、**恩着せがましい**。何かを頼まれたとしても、それをするかどうか決めるのはその人なので、わざわざ〃あなたのためにやってあげた〃となる必要はどこにもありません。人が行動をするとき、たとえそれが誰かのために取った行動だったとしても、行動の主軸は自分です。〃私がやると決めたからやる〃のです。

そのときに、もし対価として何かして欲しいのなら、それを言葉に出して言いましょう。「私はこれをするから、あなたにはこれをして欲しい」と。その際、「あなたはこれをして」と断言するよりも、まずは提案する方が無難です。それが相応の対価だと思うかは、人によって判断基準が違いますから。

この〃〇〇してあげた〃〃〇〇してあげる〃を思わないようにすると、もし人に裏切られたとしても、傷は薄いです。すべてにおいて交換条件を求めていると、「こんなにしてあげたのに裏切られた」と、裏切られた事実にさらに怒りが増します。そこで、「〇〇したのは私だしな……」と思ったらどうでしょう。「まあ、仕方ないか。信じたのも、これをしようと思ったのも私」と思うと、実は楽に受け止められるようになります。怒るというのは、エネルギーがいりますし、負の感情が、関係ない周りの人にも波及していくので、本来は避けたいものです。心当たりがある人は、少し意識して言葉を変えてみましょう。

CHAPTER 3

第３章

気持ちに気づき コントロールする

—— 発想の転換、柔軟な物事の捉え方

◆◆◆ 日記を上手く使おう

自分の気持ちをコントロールするには、まずは自分の気持ちを知ることが大切。でも、自分の気持ちがわからないという人、意外と多いんです。そんな人にピッタリなのが日記を書くこと。日記から得られるメリットはたくさんあります。そこで、オススメの〝日記術〟をお伝えします。

●言われた通りに動いてきた結果、自分の気持ちがわからなくなる

外来の診察で、「そのとき、○○さんはどう思ったの？」と尋ねると、ほとんどの患者さんから「わからない。自分の意見をと言われたって、そもそもそ

れがわからないんです……考えたことがないというか」といった答えが返ってきます。自分の気持ちに焦点を当てることを忘れていることが、よく見られるんですね。

これはスポーツの場面でも同様です。たとえば、選手とこんな会話になることがあります。

「それで、あなたはそのとき、どう思ったの？　どうしたかったの？」
「いや、監督がこう言っていたから、そうしただけです。監督はこう動いて欲しいわけじゃないですか」
「実際プレーしていたのは監督？　試合ではいろんなことが起こるのに、全部監督の指示を待つの？」
「……そんなことはないですけど……」

はい、ここでも〝けど（だけど）〟が使われました。そう言われると、私も意地が悪くなり、「だけど？」と聞き返します。すると大抵は、言葉に詰まってしまうか、「だけど、監督がそう言ってたんです！」と逆切れ状態になります。

私生活でも同じことです。上司や親が言った通りに動いてきた結果、**自分が本当にしたいことや思っていることがおざなり**になってしまう人がいます。実際にその仕事をしているのは自分であっても、考えるのは他人任せ——こういう人は、周囲の機嫌を伺っているように見えて、最終的に何かあると責任転嫁《てんか》をしてしまうので、無責任と思われてしまうこともよくあります。

何か思わしくないことが起きたとき、周りの人にしてみれば、「実際に行動したのは○○さんだよね？」という話になりますが、本人の中では、「自分は気を遣っていただけなのに……なんで怒られないといけないんだ？」となります。そうして、みんなに不満が溜まると、どんどん意見を交換することができなくなり、結果として意見の相違の溝の深さだけが残されてしまいます。これは双方にとって、とてももったいないことですよね。できれば、ちゃんと意見を出し合って、違いがあれば擦り合わせていきたいものです。

●日記を効果的につけるコツは〝感情〟と〝いいこと〟も書くこと

そうはいっても、「自分の気持ちに気がつくなんて、すぐには無理だよ……」と感じたそこのあなた。そんなあなたにオススメの〝自分の気持ち探索法〟をお話しします。

それは〝日記を書くこと〟です。

「そんな単純なこと?」と思う人もいると思いますが、日記はとても効果があるツールです。実際、私も何年も書き続けていますし、患者さんにも治療の一環として、選手にも自分を見つめるツールとして、日記を提案することは多いです。一流と呼ばれる選手たちのエピソードを聞いていても、日記を書いている人はかなりの割合でいらっしゃいます。

ただ、日記を書くといっても、闇雲に書けばいいということではありません。効果的な書き方があります。

まずは、**自分の行動とともに、〝そのときどう思ったか〟について言及**すること。その日の行動をなぞらえるだけでは、ただのスケジュール帳です。誰しも、行動するときには、必ず感情が伴います。普段はそれを意識していないだけなんです。なので、その感情までしっかり明記することが大事。難しい内容はまったく必要ありません。「楽しかった」「嬉しかった」「悲しかった」「ムカついた」など簡単な言葉でいいんです。自分で行動を思い返して、「感情があるんだ」と見つめることが重要なのです。「私ってどうしたいんだっけ、どう思っていたんだっけ……」と先ほどの質問に答えられなかったタイプの人は、ここから始めてみてください。

そしてもうひとつ、日記を書く際のプラスアルファのポイントをお話しします。それは文章の中に〝**その日良かった**〟**と思うことをひとつ以上書く**ことです。これを提案すると「そんないいことなんて毎日ないよ!」という人がいますが、ちょっとしたことでも構いません。たとえば、「天気が良かった」とか、「好きなお菓子が売っていた」「素敵な洋服が売っていた」といった些細なことでもいいんです。本当に何もない日は、「少し高級なアイスを買って食べたら美味しかった」みたいに自分でいいことを作ってもいいんです。

●〝いいこと〟に目が向くようになるとメリットがたくさんある

この〝いいこと日記〟の効果は、主に3つあります。

1つ目は、「自分にも意外といいことってあるんだ」と気がつけること。人間は、どうしても不安だったり、怒りだったり、**負の感情の方に目が行きがちで、いいことは自然と流してしまいます。**「今日あったいいことってなんだろう」と考えることによって、「いいことなんて全然ない人生だと思っていたけど、意外と私にもいいことってあるんだな」と気がつくきっかけになります。

以前、この方法を精神科の入院患者さんにもオススメしたことがあります。この患者さんは、一度怒ると止まらず、たびたび他の患者さんと問題を起こすため、閉鎖病棟に入院となっていました。閉鎖病棟とは、中は普通の病棟と一緒なのですが、自由に入口から出られず、エレベーターの前の扉が施錠されている病棟です。自分の意思で病棟内でさえ自由に動けないのは、少し残酷なように見えますが、もし街中に一人で出ていってしまったら、近隣の人とトラブルになりかねないので、それを防止するためにも大切な病棟です。

このように閉鎖病棟に入っていると、なかなか外に出る機会もないですし、できる行動に制限もあります。なので、自分で〝いいこと日記〟を書くことをオススメしておきながら、「行動パターンも範囲も会う相手も常に一緒だし、ちゃんと書けるかな？」と少し不安に感じていました。

しかし、後日その患者さんと話してみると、しっかり毎日いいことを書いていて、「意外といいことがあった！」と笑顔で話してくれました。他人との喧嘩についても、「何かイラつくことがあったら、紙に書いて、その紙は破って捨てていいよ」と提案すると、前よりも怒る回数がかなり減り、言動の中に「○○さんにもいいところはあった」と、少しずつですが人のいいところも探すようになっていました。

今はコロナ禍でなかなか外に出る機会も少なくなっていますが、少なくとも入院もせず、仕事をしたり、スーパーで買い物をするなど最低限の外出ができていたりする私たちが、まったくいいことを探せないわけはないのです。

〝いいこと日記〟の効果2つ目は、いいことがあるとわかると、**感謝の気持ちが生まれる**ことです。いいことの中には、物だけではなく、人との触れ合いの中で生まれた事象がたびたび出てくるはずです。それを書き記した日記は、自分のことを気にかけてくれている人の存在や、仲良くしている友人、家族の存在をしっかり認識するきっかけになります。その存在が近くなればなるほど、いることが当たり前になって、〝存在してくれること〟への感謝を忘れがちです。「この人たちがいてくれるから私がいるんだ」と思うと、自然と感謝の気持ちが生まれ、優しい気持ちになります。

3つ目は、いいことを見つける目になることです。先ほど話したように、人間はどうしても悪いことに目が行きがちです。でも、これを続けていくと、日々の日常が**いいことを探す目に変わっていきます**。そうすると、人のいいところも目につきやすくなるので、人間関係も良好になります。先ほどの入院患者さんの例でもあげたように、いいところが目につくようになると、今まで全部

その日あった「いいこと」を日記に書くようにしましょう。「いいこと」は自分で作り出しても OK ！

に怒りがこみ上げていた人が、他人のいいところを認められるようになり、怒り成分が少しずつ溶けていきます。

●日記をつけるのに意気込む必要はない

こうして改めて日記の効果を見てみると、現代人にぴったりのツールですよね。今まで、何回も日記にチャレンジしたけど、途中で諦めてしまった……という経験のある人も多いのではないでしょうか。その多くは、「面倒になっちゃった」「気がついたら書くのを忘れていた」――そんな理由から止めてしまったのだと思います。

でもそれは、「毎日書こう」「1日の最後に振り返ろう」「たくさん書こう」などと、色々な**取り決めをするから**です。日記は別に、必ず夜に書かなければいけないわけでも、その日中に丁寧な文字で書かなければいけないわけでもなく、決まりは何もありません。

そこで、面倒くさがり代表の私のやり方を伝授します。それは、**いつも持ち運ぶスケジュール帳に記載する**こと。1カ月分の記入ができる四角いコマと、1週間分の記入ができる長い段の枠の両方がついているスケジュール帳を買って、コマの方に自分のスケジュールを、段の方に日記を記載するようにします。そこに記載できる量で充分ですし、持ち運びができるので、昼休みや移動の時間を使って書くことができるため、書き忘れるということが発生しません。このくらいシンプルなら、続けられそうだと思いませんか？

日記をつけたことがないという人、日記に挫折してしまったという人は、これを機にぜひ試してみてください。

スケジュール帳活用術 1

【Monthly 欄】予定を書き込む

― Sample ―

2月

MON	TUE	WED	THU	FRI	SAT	SUN
1 11：00〜 オンライン ミーティング	2	3 18：00 有楽町マリオン	4	5	6	7
8	9 15：00 部長とミーティング	10 14：00〜 スポーツメンタルセミナー	11	12 出張	13	14 12：00 池袋待ち合わせ
15 11：00〜 オンライン ミーティング	16	17	18 10：00〜 初回顔合わせ	19 13：30〜 取材対応	20	21
22 1日撮影	23	24	25 15：00 院内会議	26	27	28 誕生日

スケジュール帳活用術2

【Weekly 欄】出来事・気持ちを書き込む

― Sample ―

1日1個
いいことを見つけよう！

2月

1 月	・朝起きるのがつらかった。 ・有意義なミーティングができた。
2 火	・おいしいランチのお店を見つけた。 ・先週から読んでいた産業医の本を読み終えた。勉強になった。
3 水	・久しぶりに友達と会った。楽しかった。
4 木	・朝から怒られた。腹が立ったが後で冷静に考えれば納得。 ・おやつに食べたモンブランがおいしかった！
5 金	・午後、眠気が強かった。めまいもあり、少し疲れ気味。 ・自分の体調に気づけた。成長！
6 土	・1日家でゆっくり過ごした。たまにはこういう日もあっていい。
7 日	・買い物に出かけた。カワイイ洋服が売っていた。 ・あの服を買うために、また明日から仕事がんばろう！

出来事だけでなく
感情も書こう！

最初は1日1行でもいいから
その日の感情を思い出すことが大事！

自分の気持ちをコントロールできるのは自分だけ

嫌なことがあれば、気分が悪くなるのは当然のことです。でも、そのまま機嫌を悪くして過ごすかは自分次第。自分の人生の主人公は自分。すべては自分が決めることです。

● 気持ちの持ちようで時間の質が変わってくる

ここまで私が〝もったいない〟という言葉を何度か出していることにお気づきでしょうか？　私は、日常でもこの言葉をよく口にします。これは、決してご飯や物に対してだけではありません。私がよくこの言葉を使う対象は、自分の気持ちについてです。第1章でパフォーマンスの説明のときにお話しした通り、同じ1時間でも、気持ちの持ちようで全然違う1時間になります。先ほどは集中しているかどうかという意味でこの〝気持ち〟を使いましたが、集中力が必要なわけではない普段の生活の中でも、このもったいない精神は働きます。

たとえば、ご飯を食べているとき。なんとなく嫌なことがあって、むすっとして食べるご飯と、仲の良い友達と一緒にワイワイ楽しく食べるご飯――同じご飯を食べるという行為ですが、どちらの方がいい時間の過ごし方ですか？ 私は断然後者がいいです。よほど自分を追い込みたい人以外は、みんな後者を選択すると思います。ワイワイ食べる方が楽しいですもんね。だとしたら、むすっとしているのは、とてももったいないことだと思いませんか？

少しイラっとすることがあったとしても、一度自分の気持ちを客観視して、「せっかく同じご飯を食べるなら、機嫌良く食べた方がもっとご飯が美味しくなるな！」と考えられれば、その時間がより良い時間に変わります。**自分が機**

嫌良くいることは、自分の行動を価値のあるものにしてくれる大事なことなのです。

そして、自分の気持ちを最終的に決められるのは自分だけです。機嫌の悪い上司がいい例です。新しい上司がいつも不機嫌で、あなたは、どうにか機嫌を取ろうと、たくさん彼を盛り上げたとします。しかし、どれだけ盛り上げようとがんばったとしても、機嫌の悪い理由が勝ってしまえば、その上司の機嫌は変えられません。暖簾《のれん》に腕押し状態です。むしろ、（自分がこれだけがんばったのに……）と自分まで機嫌を損ねてしまう原因になりかねません。上司自身が「機嫌を直そう！」と思わないと、結局何も変わらないのです。

● 機嫌を損ねるのも自分が決めること

もちろん、外的要素で機嫌を損ねられることはたくさんあります。でも、それは起こったことであって、機嫌を決める要素でしかないのです。機嫌を損ねられることが起こったとしても、そこで実際に機嫌を損ねるかどうかは、自分の決断です。

そして、この〝自分の機嫌は自分で決める〟という理論に則《のっと》ると、その実現のためには、大前提として自分が今どうしたいのか、何をしたいのかといった**自分の感情に気がつくことが必要**になります。

日記をオススメする理由としてもお話ししましたが、感情に気がつくことの大切さ、伝わりましたか？

なお、このことを伝えると時々、「イラっとしたら、客観視することなんてできない。止まらないんだ」という人がいますが、〝怒る〟までいったときは話が別です。私がここでお伝えしている〝イラっ〟は〝口には出すほどでもないけど、少し嫌味を言いたくなる程度〟の苛立ちのことを指します。

私はよく、「自分の人生の主人公は自分だよ」ということを話します。これは、**自分の機嫌も行動も自分で決めるもの**だからです。当たり前に聞こえるかもしれないですが、主人公が誰か他の人になっていて、自分は脇役Aになっている人は意外と多いのです。

●自分の行動に対して責任を負った方が前向きな気持ちになれる

〝自分の人生の主人公は私！〟というスタイルで生きると、責任転嫁《てんか》がしにくくなります。「全部自分で責任を取るって、なんか責任重大というか、背負うものが大きすぎて少し不安」と感じる人がいるかもしれませんが、私はむしろこの考え方になって、過ごしやすくなりました。というのも、何か良くない行動をしてしまったとき、他人のせいにして、「この人がこうしたからこの結果になったんだ！」と思うと、もうそれ以上、解決策を自分で考えることはし

自分の気持ちを決めるのは自分。私は嫌なことがあったとしても、友達とご飯を食べるときには、気持ちを切り替えて楽しく過ごすようにしています。

なくなりますし、嫌なことが起きたというマイナスなイメージだけが頭の中に残るので、なんとなくイライラした感情が残ります。

そこでもし、「これは自分が起こした行動だから……」と考えると、「だったら仕方がない！」と思えます。〝自分の失敗〟と捉えたにもかかわらず、腑《ふ》に落ちるのはこちらの考え方なのです。そして、自分の責任と考えると、「どうしたら同じ失敗をしなくなるんだろう？」と失敗をした後の解決策を考えられるので、「もう同じ失敗はしないぞ！」と前向きな気持ちで終えることができます。

また、ひとつの感じ方の例として「責任重大。背負うものが大きすぎる」と言いましたが、何もみんなの分の責任まで負うという話をしているわけではありません。負うのは、自分自身の行動に対してだけです。

これは、スポーツだとよりわかりやすいでしょう。試合に負けたとき、チームの他の選手のせいにしたり、相手チームや審判、ピッチコンディションのせいにしたりしていると、その時点でその選手の成長は止まってしまいますし、その試合から学ぶことは少なくなります。再び同じような場面がやってきたら、その選手はおそらく同じような負け方をするでしょう。そうすると、「この選手はここが苦手なんだな」と悟られるようになるので、さらに他のチームからも弱点を狙われ、どんどん沼に陥ります。これでは、選手の理想像とは言えないですね。

しかし、一回目の失敗のときに、「あのプレーは自分が悪かった、自分のミスだ」と認めることができれば、自分で解決法を考えます。チームスポーツだと、自分と相手との連携の部分の影響が大きかったりもするので、自分で解決策が見つからないこともあるかもしれませんが、そういうときには、周りにどうすれば良かったか意見を聞き、話し合うこともできます。

たとえ外的要素が大きいようなケースでも同様です。自分の責任をゼロにしてしまうのは、とてももったいないです。

たとえば、自分と合わない審判がいたとします。「あの審判はいつも必要以上にファウルを取ってくる」と感じたとき、「でも、それは審判が悪いんだ」で終わってしまうとその選手には成長がありません。その審判とまた当たったときには、再度ファウルを取られて、自分の気持ちも投げやりモード。その審判の試合は、もう諦めようという気持ちがどこかで働き、捨て試合になってしまうかもしれません。

でも、そこで、「審判のジャッジは確かに厳しいけれど、審判は変わらないし、自分もファウルを取られやすいプレーをしていたな」と考えれば、「どうしたらあの審判にファウルを取られにくくなるのか」と次回の対策を考えられます。

外的要素が原因だったとしても、状況は確実に変わるのです。他人のせいにして、なんとなく不満が残るのと、**自分の責任だと思って解決法を探す**のと、どちらがいい選択か、そのあとのことを考えると答えは明確ですね。

不安にかられない方法は、今を見ること

スポーツシーンでも日常生活でも、不安にかられるのはよくあることですが、それは〝今〟に集中していないからです。

● 可能性がある予想に基づいて不安になっている

「先のことを考えると、どうしても不安になってしまって……」これも、メンタルが弱いと言われるひとつですよね。そもそも不安とはどういう状況で生まれるのか、まずはそこから言語化していきましょう。

不安とは〝抽象的〟かつ〝将来のこと〟に生まれると言われています。こう

なったらどうしよう、ああなったらどうしよう――不安が生まれるのは、全部将来起こる可能性がある予想に基づいているのです。

たとえば、サッカーの大事な試合のPK戦を思い浮かべてみてください。このとき、メンタルが弱いと言われるシチュエーションは、シュートを外すこと。時々、ゴールを決められないどころか、大きく枠を外してゴールマウスの上に……といったシーンが見られます。そんな風に大きく外してしまうと、「自分はメンタル強いんだ」とはなかなか言えません。

ここでシュートを外したという結果ではなく、そのときの選手の脳内の考え方を見てみましょう。メンタルが弱いと言われる発想は、「ここでシュートを外したらどうしよう」と考える発想でしょう。この発想の良くないところは、今のことを考えているようで、実は未来のことを考えていることです。〝今〟を考えるとしたら、〝シュートを打つこと〟――それだけが決まっている事実です。「外したらどうしよう」という不安の気持ちは、外した後の周りの雰囲気や試合に負ける可能性、監督からの評価や応援してくれているサポーターに謝ることなど、シュートに関する不安ではなく、そこから生じる外的要素に対するものなのです。

最初に、不安は〝抽象的〟かつ〝将来のこと〟に生まれると言いました。逆に言えば**〝具体的〟かつ〝今ここ〟のことを考えれば不安は生じにくい**のです。先ほどのPK戦で考えてみましょう。具体的に今のことを考えることに集中するとしたら、その頭の中は「自分の利き足はこっち。このキーパーは、こういう癖があるから、今からボールのここを蹴って、ゴールマウスのあのあたりを狙おう」――これが〝今ここに集中する〟ということです。

〝今〟に集中しようとすると、実は考えることが結構多いはずです。ここに未来への不安を考える余地があるでしょうか。人間が一度に考えられる量には限度があります。だいたい3、4個。自分の今やるべきことをしっかり考えていれば、この数は簡単に埋まります。今お話ししたPK戦の脳内にも、4つの要素が入っており、これだけでも十分要素を満たしています。

〝今〟に集中するために自分の実況中継をしてみる

そうはいっても、「本当の大舞台では、そこまで冷静に考えられないよ……」と思う人には、イチロー選手がＷＢＣ（ワールド・ベースボール・クラシック）で実際に行っていた方法がオススメです。それは、自分の実況中継をしてみること。イチロー選手はＷＢＣに出場したとき、頭の中で「さあ、次の打者は背番号51番イチロー選手。ゆっくりとバッターボックスに入りました。まずは一球目……」とあたかも**第三者のような目線で自分を客観視**したと言います。

これを自分に置き換えてやってみるのです。このように自分の実況中継をすることで、自分の思考自体を一旦外に置き、思考の暴走を抑えます。すると、自分の立ち位置、今の状況がわかるため、なすべきことがわかります。

また、普段から頻繁に緊張してしまう、思考が暴走しがちになると感じている人は、自分なりのルーティンを作りましょう。ルーティンを作ることには賛否両論ありますが、私は賛成です。このルーティンについては、また後で改めてお話しします。

ちなみに、シュートが入るかどうかというとき、自分の**技術に対して不安があるという人は、技術面での練習が必要**です。時々、すべてをメンタルのせいにする人を見かけますが、メンタルはあくまでひとつの要素に過ぎませんし、そもそも技術が伴っていない状態では、いいパフォーマンスができないのは当然です。パフォーマンスは〝何〟を〝どんな気持ちで〟と言いました。この〝何〟の部分が足りないのでは、どれだけ〝どんな気持ちで〟が整っていたとしても上手くいきません。それは練習から逃げるためのただの言い訳になってしまいます。

前向きとポジティブは違うもの

今の世の中、なんとなく「ポジティブな思考がいい」と思われがちです。でも、ポジティブシンキングは目指すべきゴールではなく、気がついたら身についているもの。大切なのはポジティブよりも、自然体でいることです。

無理にポジティブシンキングになる必要はない

最近、よく「ポジティブシンキングになろう」「ポジティブになろう」といったことを訴える自己啓発本を本屋さんで見かけます。みなさんも一度は目にしたことがあるのではないでしょうか。

スポーツでも、インタビューなどで〝ポジティブ〟という言葉は頻繁に使われますし、中継を見ていて、「ああ、あの選手は常にポジティブで羨《うらや》ましいな……」なんて考えたりしてはいないでしょうか。日常の診察室でも、「ポジティブになりたいんですけど、なかなかなれなくて……」ということを言われる患者さんはかなり多いです。なんとなく「ポジティブな思考がいい！」という雰囲気が蔓延《まんえん》しているんですよね。

そういった人に私がよくする質問が、「ポジティブって日本語にすると何ですか？」というものです。すると、ほぼ全員から「前向きですよね」という答えが返ってきます。ポジティブと前向きを同じ意味に捉えているんですね。

でも、私は〝前向き〟と〝ポジティブ〟は分けるようにしています。先ほど「ポジティブシンキングになろう」というよくありそうな本のタイトルを言いましたが、そもそもポジティブシンキングとは、〝なろう〟というような目指すべきゴールではなく、物事を行っているうちに気がついたら身についているものだと思います。**ポジティブシンキングになって何をするか、その目的が大事**なのです。何か自分が目指す目的があり、それに向かってがんばっていく過程で、気がついたら無意識に身につけるものがポジティブシンキングなのです。

そして、そもそも論ですが、**無理やりポジティブシンキングになる必要なんてありません**。だって、生きていく上で嫌なことや、つらいことがない人間なんていないですもん。なのに、嫌なことがあっても全部ポジティブシンキングで捉えようというのは、つらいことに蓋《ふた》をかぶせて、心の奥底にしまっているようなものです。実は、素敵な考え方に見えて、そのことにしっかりと向き合おうとしていない行動なんです。

そうすると、結局、自分の対処すべき感情に鈍感になり、色々な不満が溜まっていることにも気がつくことができず、ある瞬間にドッカーンとなる可能性があります。そうなってからでは、なかなか修復は難しいですよね。ですから、**ネガティブな瞬間があってもいい**のです。

●ネガティブなものも受け止めてこそ、前向きに改善を図ることができる

しかし、ポジティブだけでなく、ネガティブな瞬間もあっていいという一方で、常に前向きであることは必要だと思っています。

では、前向きとは何なのか。今、本を読んでいるあなたは前を向いて読んでいませんか？　後ろに本を置いていたり、横を向いたりしながら本を読んでいる人はなかなかいないはずです。人間は自然にいると、立っているときも座っているときも前を向いています。寝ているときでさえ、横向きとは言いつつ、体と頭は同じ方向を向いていますので、体を軸に考えると、結局前向きです。

ですから、**自然体でいることそのものが、既に〝前向き〟**になるのです。

自然体——**ありのままの私たちは、決してポジティブなことばかりではありません。**悲しかったり、苦しかったり、ネガティブな感情になることもたくさんあるでしょう。

でも、それでいいんです。大事なことは、そのネガティブな感情をしっかり自分でわかって受け入れること。そして、なぜそういう気持ちになったのかを自分で分析できていること。それを自分で自覚できて初めて、対処法を考える脳になります。

疲れているときに、「なんか疲れたけど、自分の好きなことだし、好きなことをできている自分は幸せだ」と考えることは悪いことではありません。でも、まずは〝疲れている〟という現状を自分で受け止めて、「私は今疲れているんだ。だとしたら、いつも以上にしっかり睡眠を取ろう」と対処法を考える方が先決です。

こんなとき、ポジティブだけの思考になってしまうと、どんどん体に疲労が蓄積《ちくせき》していくので、パフォーマンスは下がっていきます。しかし、それでも「全然、大丈夫！」と自分を鼓舞《こぶ》し続けます。それを続けていくと、集中力の低下や焦りがどんどん拍車をかけていってしまい……いい結果は生まれないですよね。

〝好きなことだから大丈夫〟なんて定義はありません。好きな食べ物だって、満腹になれば、もう食べられないですよね。それと同じこと。ですから、まずは**ありのままの自分の状況をしっかりと受け止める**ようにしましょう。それができてからこそ、解決策を考えられます。問題が生じたときに、解決策を考えるという行為は、きっとみなさんが普段使っている〝前向き〟に当てはまるのではないでしょうか。

状況を把握せずに明るく振る舞う〝ポジティブ〟と、自分の今を把握した上で改善を図る〝前向き〟、似ているようで、そのあとの人生にはだいぶ大きな差が生まれることでしょう。

もちろん、元々ポジティブシンキングという人もいます。それはとてもいいことです。常に明るく物事を考えられるのは、自分にとっても、周りにとってもかけがえのないものでしょう。

でも、全員がすぐにポジティブシンキングになろうと思ってなれるものではありません。**ポジティブシンキングはあくまで個性のひとつ。**ですので、もともとあまりポジティブには考えられないという人には、こう伝えたいです。

〝無理にポジティブにならなくていいんだよ。あなたはあなたの自然体で、ありのままの感情を探して〟と。

自然体でいることこそ、成長への近道

先ほどから、自然体でいることの大切さをお話ししていますが、自然体でいることこそまさに、「何かを学びたい」「上手くなりたい」というときの近道です。

負けたときの行動に差が表れる

スポーツでは、試合に出れば勝敗が決まります。いくら超一流と言われる選手でも、スポーツ人生、常に1位しか経験したことがないという人はいないでしょう。特に上手くなればなるほど対戦相手のレベルも上がりますし、求められる内容や成績も上がっていきます。勝負には〝負け〟がつきものなのです。

〝試合に負ける〟というのは、基本的にポジティブなワードではありません。試合に勝つことはもちろん嬉しいことで、大いに喜ぶべきことですが、メンタルの観点では、**負けたときにどう動くか**についても、勝ったときと同じくらい重要視されることです。

これはちょっとふざけている見方に思われるかもしれませんが、遊ぶタイミングにも表れます。プロの選手であるAさんとBさんの例でみてみましょう。Aさんと Bさんは同じチームの同期。試合で悔しい負け方をしてしまいました。二人とも悔しいことに変わりはありません。

ここでAさんは、「でも、いいところもあったし、次々！」と明るく振舞います。「暗い気持ちでいるのは良くない、常にポジティブシンキングなのが俺のいいところだ！」と試合が終わった後、「なに暗くなってんだよー！ 飲みに行って忘れようぜ！」とチームメイトを鼓舞《こぶ》して飲みに行きました。

一方、Bさんは悔しい気持ちをそのまま受け入れました。そして、Aさんから「おい、B。悔しいのは俺も同じだけど、落ち込んでいても結果は変わらないから、飲みに行って発散しようぜ！」と誘われましたが、「ごめん、今日は帰るよ」と飲みには行かず、帰宅を選択しました。別にBさんも飲みに行くのが嫌いなわけではないのですが、タイミングが今ではなかっただけなんです。Bさんは試合後、真っ直ぐ家に帰り、自分ができなかったプレーを思い出し、今後どうすれば同じ失敗をしないか考えました。

試合に負けて悔しいのはAさんもBさんも同じですが、負けた後の行動にこんな差が出てきてしまいました。

きっとAさんは明るいキャラクターで周りにも親しまれていることでしょう。もちろん、周りを明るくさせるAさんの存在はとても大事だと思います。でも、試合の結果を水に流し、飲みに行くことだけが明るさなのでしょうか。「仕方のないことだ」「自分としてはよくやった」という一言で、その日の試合を終わらせることももちろんできます。試合に負けても笑顔でいる——これは一見ポジティブな印象を持つことですが、本当にポジティブかといえば、私はそうではないと思います。これで終わってしまったら、それ以上の成長は見られません。もし、**試合に負けて悔しかったら、悔しいと言えばいい、悲しかったら泣いたっていい、それがその人の自然体の姿**です。

誰もが知っているサッカー界のスーパースター、クリスティアーノ・ロナウド選手はその昔、〝クライベイビー〟と呼ばれていました。試合の後に人前でも構わず涙を流したんです。今の自信満々の姿からは想像もつかないですよね。でも、あんなに強い彼だって負けた経験はもちろんあるし、負けたときは人一倍悔しいんです。そこで悔しいという感情をしっかり見せられるからこそ、彼はあそこまで成長できたのだと思います。

「負けて悔しい。次は負けたくない」――そう思ったら、自分の行動の中で何がいけなかったのかと自分で分析する気持ちになりますし、良くなかったところを自分で受け入れられる態勢ができるのです。

自己肯定感は無理して作るものではない

自己肯定感も、先ほどあげたポジティブシンキングと同じくらい世間で注目されているワードだと思います。そのため、「自己肯定感が高くないといけない」と思っている人はいませんか？

自分を否定しない自己肯定感は人の感情を逆撫でしかねない

そもそも自己肯定感の意味とはなんでしょうか。自己肯定感は読んで字のごとく、〝自己を肯定する力〟。おそらく本来の意味で言えば、〝自分のありのままを肯定する〟ということだと思いますが、世間で使われている自己肯定感はどちらかというと、自己を否定することの反対、つまり「私は間違っていないんだ、正解!」という意味で使われている印象を受けます。これだと、**自分の間違っていることすら正解と捉えてしまうことにもなりかねません。**

しかし、「でも、私は間違ってない」と常に自分を肯定する人が目の前にいたら、どう感じるでしょうか。「少しは自分の間違いも認めた方がいいのに……子供だな」と感じたり、「話にならないから、少し距離を置こう……」と感じたりする可能性もあるのではないでしょうか。

スポーツをしていると特に、自己肯定感は高い方がいいと思われるかもしれませんが、ピッチにいる全員が自己肯定感が高かったら、どうなるでしょうか。審判がイエローカードをあげたとしても、「イエローカードなんて間違っている!」と審判に突っかかり、対戦相手にも、「今のは正当な行為だ!」と喧嘩をふっかけます。相手チームも当然、「いや、今のは危険な行為だからイエローカードでいいんだ!」とみんなが捲《まく》したてるように言い合いになり、試合が全然進まない……これでは、選手だけでなく、観ているほうだってつまらないですよね。

会社でもそうです。部下に「これはもう少しこうしたらいいんじゃないかな？」とアドバイスをしたときに、「いえ、僕は合っています！」と言われたらそれで会話は終了です。もし、部下がミスを犯したときに、上司から「このミスは何が原因だったんだ？」と聞かれても、「わかりません、僕はちゃんと言われた通りにしました！」では、埒《らち》があきません。上司にしてみたら、この部下はただ責任逃れをしているように見えますし、傍《はた》から見たら、「今は誰のせいかを言い争うのではなく、どこを改善すればいいのかという話なのに……」と思われるだけです。この部下の評価は下がる一方となるでしょう。

このように〝自分を否定しない〟という自己肯定感は、使い方次第では間違った方向にいってしまって、下手をすると人の感情を逆撫でしてしまうことになるのです。

●持つべき自己肯定感は、欠点も含めた自分をそのまま肯定してあげること

では、どうすれば、人を不快にしない自己肯定感の高め方になるのか。これは、自分の全部を正解とするのではなく、**ありのままの存在を肯定すること**です。人間は誰しも必ず欠けている部分があるでしょう。できないこともたくさんあります。サッカー界のスーパースターだってそう。ジダンだって、ベッカムだって、どこかの国の国王だって、みんなそれぞれできないことだらけです。それは当たり前のこと、人間だもの。

それを含めた自分の存在について〝そのままでいいんだ〟と肯定してあげる——これが、私たちが持つべき自己肯定感です。間違っていたら、間違ってい

たでいいんです。その事実をどう受け止めるかが問題です。

間違っていた自分を、「もう私なんていない方がいい」——そう思うのは自己否定です。自分の存在自体を否定しているから。そうではなくて、「間違ったら、もう一度やり直せばいい。なんならできないことがあってこその人間なんだ」と、ありのままの自分を肯定してあげる——この**存在の肯定こそ、真の自己肯定感**になるのです。

◆◆◆ 他人の否定と自分の肯定を混同しない

間違った自己肯定感を貫くと、人を不快にする可能性があるとお伝えしました。それは自己を肯定するはずが、気がついたら相手の否定になってしまっているからです。この〝自分の肯定〟と〝相手の否定〟、結構混同されやすいですが、他人を否定することが、自分を肯定することでは決してありません。

●他人を否定するだけでは、自分の成長を妨げ、相手に不快感を与える

何かしらの決議が行われるとき、一方を採用して一方を断念することがあります。スポーツでいえば、スタメンに起用する人数には限りがありますから、

サッカーなら11人、ラグビーなら15人しかフィールドには上がれません。ですから、そこに入れなかった選手は、ベンチ、またはベンチ外になってしまいます。これはルールですし、勝敗がかかっているのですから、いくら監督ががんばっている選手をみんな出してあげたいと思っても、メンバーを選抜しないといけないのです。選ばれなかった選手は、おもしろくないでしょう。しかし、そこで選ばれなかった事実をどう受け止めるか、そこに正しい自己肯定感を育むコツが含まれています。

たとえば、試合前、監督がスタメンの選手を発表します。最近スタメンに入れないC選手。今日もスタメンには名前が上がらず、「なんで自分を使わないんだ」と不満顔です。本来ならC選手は自分からどうしてメンバーに入れなかったか理由を聞きにいくべきですが、若さとプライドが邪魔をして、なかなか自分から質問することができません。C選手は理由を考えようとしますが、「練習は真面目に出ているし、自分には体力も技術もある。これは、選ばない監督がダメなんだ！」と監督のせいにしてしまい、自分の中に理由を探そうとしません。

そうしたら、どうなるでしょうか。その瞬間は、人のせいだと思い込んで落ち着くと思いますが、結局C選手は使われないまま終わるでしょう。そのうち、「監督は、自分ではなくてD選手を使っているけど、絶対自分の方が足が速いし、技術もあるのに。あいつなんて、いつも試合で……」と**他者への否定をしたまま、いつまでも自分を変えることをしない**脳になっていきます。

そうすると、C選手はチームの中でも浮き始めますし、C選手も「自分を受け入れてくれないこのチームが悪いんだ」という感情になり、結果、チームに馴染《なじ》めず移籍する……なんて結果になりかねません。悪口を言われたD選手も不快な気持ちになりますし、D選手を選んでいる監督、一緒に練習しているチームメイトもいい気持ちにはならないでしょう。自分を受け入れずに、他者を否定する自己肯定は、自分の成長を妨げるだけでなく、他者への不快感も与えてしまうのです。

この場面で、C選手自ら自分の自然体を受け止めて、ありのままの自分を分析し、改善策を立て、自分でわからない場合は、チームメイトや監督に相談しに行く——それができたらどうなったでしょうか。C選手のこの行動は、先ほどの〝前向き〟に当てはまります。そこからの努力でスタメンを勝ち得たときには、初めて自信がつきます。「自分は自分でいいんだ」という先ほどの定義の自己肯定感とともに、世間的な意味でも使われる一般的な自己肯定感にもつながります。このときのC選手は、周りから見てもポジティブに見られることでしょう。

●自分で考えて行動したことの方が自己肯定感は上げやすい

繰り返しになりますが、自己肯定感もポジティブもそれを得ることがゴールではなく、自分が起こした行動からくる過程でたまたま習得したものなのです。

そして、ここでのポイントは、自己肯定感もポジティブシンキングも、まず最初に**自分で自分を分析し、判断し、実行した行動によって身につく**ものだということです。人からこれをしなさい、あれをしなさいと言われ、人が敷いたレールを歩む行動からはなかなか身につけることができません。

自分で考えた末に「これをすればいいのかな……」と計画し、考えた行動の方が、自己肯定感は上げやすいのです。夏休みの学校の宿題を先生や親から「早くやりなさい！」と言われてイヤイヤやっても、終わったときに感じるのは一時的な達成感であり、そこから自己肯定感を得るまでには至らないですよね。それは人からやれと言われたことを、ただやったからです。

自分の非を認めて、しっかりと分析することができる人は意外と少ないです。特に、エリート街道を突っ走ってきた選手の場合、なかなか自分の非を認められず、くすぶってしまうケースはかなり多く存在します。中学生までは誰が見ても抜きん出た才能を持っていたのに、一歩県外に出たら、周りにすごい人がいっぱいいて、全然活躍できなくなってしまった……そんな選手は結構いるものです。なんだか、もったいないですよね。

ちなみに、こんなとき監督はどう対応すべきでしょうか。「アスリートなんだから自分で考えて、自分で対処しろ。わからないなら、聞きに来ない自分が悪い」と思う人もいるかもしれません。確かにその通りという面もあるかもしれませんが、そのまま突き放すのは、教育者としてあまり良い態度ではありません。一方で、「そんなこともわからないのか、だからダメなんだ！」と言ってしまうのも、せっかく勇気を出して聞きにきた選手の気持ちをまったく尊重していません。こんなとき、監督が考えるべきことは、いかに選手のやる気を損なわせず、活躍できる魅力を引き出せるかということです。

対戦相手はただのライバル

あなたには〝敵〟と思う人がいますか？　もしいるとしたら、それは自分が敵を作ってしまっているからです。

対戦相手は自分を成長させてくれるもの

試合では、もちろん相手チームがいて、自分と同じチームの人間は当然味方になるわけです。でも、試合前に両チームのキャプテンは握手を交わしますし、試合終了の笛が鳴れば、ユニフォームを交換したり、お互いの健闘を称《たた》えたりする姿が見られます。そもそも相手がいる意味は、自分の成長のためです。実践形式で戦うことで、より自分の成長に気がつくことができますから、相手は自分の成長するべきところを教えてくれるツール、くらいに思っておけばいいのです。そうすれば、たとえ試合に負けた後でも、「悔しい！　ねえ、あそこどうだった？」と聞きにいく気持ちになれます。変なプライドも邪魔しません。

これは本来、日常生活でも同じであるべき。つまり、何かの**競争相手はひとつのテーマにおいてのライバルであり、〝敵〟ではない**んですよね。

●自分にとって都合の悪い人を敵にしているだけ

漫画の世界などで出てくる敵とは、だいたい悪役です。ヒーローと悪役は基本的に協力関係にないですし、最終的にヒーローが勝たないと世の平和は守られないので、〝敵〟とみなしていいと思います。しかし、スポーツの場合、両チームとも悪役ではありません。それは日常生活でも同じこと。時々、「あいつは俺の敵だから」などと、仲が悪くなると〝敵〟という言葉を使う人がいますよね。

でも果たして、〝本当の敵〟って日常生活の中にいますか？ **その敵は、自分にとっての悪というか、ただの都合が悪い人であって、それを敵とみなしているのは自分の思考**です。本来、私たちが生きていく上で成敗《せいばい》するべき悪役はいないですし、そもそも同じ人間です。先ほども言いましたが、多分その〝敵〟は〝都合が悪い〟だけの人です。勝手に敵だとみなしていると、それは態度に出てきますし、距離を置いたり、口調も変わってきたりします。そうすると、相手も敵だとみなしてくるので、関係性は悪くなるばかり。

そもそも敵なんていません。敵だとみなしているのは自分です。もし、敵だと思うのであれば、なぜ戦っているのかを言語化しましょう。そうすれば、話し合う論点が見つかるはずです。もし今、敵だなという感情を持っている人がいたら、今日から意識して、〝今日の敵は明日の友〟にしていきましょう。

◆◆◆ 短所は長所にもなる

自分の短所と長所について、きちんと把握できていますか？　そのためには、自分のことをしっかりと分析できていなければいけませんが、短所は長所に変えることもできるということを知っておきましょう。

●長所と短所を伝えるには自分を見つめ、言語化することが必要

人間生きていると、一度は面接の場面などで「あなたの長所と短所を教えてください」と聞かれたことがあると思います。この長所と短所、言い換えれば、自分のいいところとダメなところ。これを面接で問われると、「よくある質問

だな」と思うでしょうが、実はとても深い質問だなと思います。

この質問に答えるには、まず自分のことを分析する行動が必要になってきます。自分のことを見つめる、内観《ないかん》する時間が必要なのです。自分で気がつかなければ、もちろん家族や友人に聞いてみるのも助けになると思います。

次に、自分の長所・短所が見つかったら、それを自分の言葉で言語化する必要があります。それって、誰もが簡単にできることではないですよね。実際、自分の長所・短所が見つかっても〃長所を言えない人〃がいますし、また、〃短所を短所のままで終える人〃がいます。それぞれどういうことか考えてみましょう。

● 長所を述べることが自慢になるわけではない

〃長所が言えない〃とはどういうことか。これは、謙遜の文化がはびこる日本で、「これを言ったら傲慢《ごうまん》だと思われるかな……自慢していると思って嫌われないかな……」という気持ちが邪魔をしているのです。

これに対して言いたいのは、長所を言うことがそのまま自慢にはならないということです。**自分で思っている長所はその人のありのままの事実**です。もちろん虚勢を張って、「あれもできる。これもできる」と言っていたら、それは問題ですが、少なくとも自分のできることを知ることは生きていくに当たって大変重要なことです。長所がわからなければ、海外でよく言われる〝sell yourself〟は絶対にできないです。

●短所はただ伝えるだけでなく、それを踏まえてどう改善するかが大切

〝短所を短所のままで終える〟とはどういうことか。これは、「私はこれができません」と言うだけで終えてしまうこと。短所というだけあって、それだけ

ではただのマイナスワードです。せっかくの面接の場面で、マイナスワードを言っているだけでは、もったいないです。それを踏まえて、どう行動するかが大切です。

これがスポーツの世界であれば、たとえば、シュートの精度が悪いとわかれば、改善方法はとにかくシュートの練習をすることです。でも、ただがむしゃらにやっても効率が悪いので、どういう状況でのシュートなのかだったり、どの角度からのシュートなのかだったり、自分で思考を張り巡らせた練習をするべきでしょう。

では、日常生活の中ではどうすればいいのでしょうか。たとえば、〝料理ができない〟という短所であれば、そもそもやろうとしたことがないだけかもしれません。その場合は、もちろん練習するという行動あるのみです。

スポーツの世界でも日常生活でも、**解決のためのひとつの選択は、改善するための努力**です。

●短所を改善する努力だけが解決策でない場合もある

でも、その短所がその職業の気質と合わないことだとしたらどうでしょうか。ひとつの例として、私自身のことでみてみましょう。

昔、メディアで活動をさせていただいていたときのことです。メディアに出る女子大生となると、ぶりっこだったり、生意気だったり、何かしらのキャラ付けを求められることが多く、あまり前に出るタイプではなかった自分の元々の気質が、短所になることも多かったのです。そんな中で無理やり作ったキャラからは〝しんどい〟しか生まれませんでした。

そして、大人になって医師になってみると、今度は前とは違うステレオタイプを求められました。それは、「医者は威厳があって、専門用語を使ってしっかり話すのがいいんだ。いわゆる〝先生〟であるべきだ」ということでした。

その考え方からみると、私は欠点の塊です。難しい言葉は苦手だし、怒るのも強い言葉を発するのも苦手。「みんな平等で平和がいいなあー」みたいな性格の結果、言っていることに説得力がありません。「そもそも医者？　看護師？」とかそんな扱いでした。

最初はがんばって、難しいことを話す練習もしていました。でもあるとき「無理だ！　キャラが違いすぎる！」と気がつきました。そして、無理せず元の性格のままの診療を始めると、患者さんの対応も変わりました。「話しやすいし、緊張しない。もっと怖いところかと思っていたけど、来てよかった」と言っていただけるようになったのです。

これは、**自分の短所が長所に変わった瞬間**だと思います。

今や〝誰よりも話しやすい〟〝先生っぽくない〟が私の診察のポイントのひとつになっています。短所だからと必死に隠したり、改善しようと考えるだけでなく、その短所を長所に変えていくにはどうすればいいか――それは環境だったり、仕事の方向性だったり、何かを変えることだと思います。そうする

医師になった最初の頃は「医師らしくない」と言われたものでした。今ではそれを長所に変えて、自分の診察スタイルを確立しています。

ことで、短所はむしろ、自分の大事な長所に変わるのです。

そして、もうひとつ言えることは、この世の中が〝いかにステレオタイプというものに縛られているか〟ということです。サッカー選手だからこう、野球選手だからこう……そんな固定観念はありませんか？　こうした考え、誰がそんな風に固定してしまっているかといえば、それは他ならぬ自分自身です。

CHAPTER 4

第４章

チームの力アップの心得

——集団として、組織として

リーダーはふたつの要素で成り立っている

集団が力を発揮するために、大切な役割を果たすのが指導者です。そんな指導者には、〝指示〟と〝支援〟のふたつの要素が求められます。

●期待の表れだとしても、表わし方を間違えるとハラスメントになる

近頃〝ハラスメント〟という言葉がひっきりなしに聞こえてきます。スポーツ界でも、ラグビー、相撲、体操と様々な競技でハラスメントのニュースが取りざたされました。２０１９年、Ｊリーグのサッカークラブ・湘南ベルマーレでも、監督のパワハラ問題が原因となり、監督が辞任するという形で責任を取

りました。この監督は元々湘南ベルマーレのユースの監督をしていて、J2降格のときもチームを支え、選手やサポーターから愛されている監督でした。そんな監督がなぜパワハラで辞職することになったのでしょうか。

パワハラ問題が起きた翌年、私はハラスメント講義の一環として、この監督にアンガーマネジメントとチーム論についてお話しさせていただくことになりました。そのときの私の一番最初の感想は、「めちゃくちゃサッカーが好きで、人一倍勉強熱心な人だ。そして何より、選手のことが大好きなんだ」というものでした。

パワハラをした監督というと、選手の気持ちを考えられていなくて、自分のことばかり考えている人と思うかもしれませんが、決してそんなことはありません。パワハラとみなされた行動の根底にあったのは、サッカーが大好きで、とにかく選手たちに「強くなってほしい」「勝ってほしい」という期待の気持ちでした。その**期待の表し方を間違えた結果、受け取る側に本来の監督の気持ちとは異なる印象を与えてしまった**ということです。

とはいえ、パワハラと受け取られてしまえば、選手としては恐怖でしょうし、監督を怒らせないようにするにはどうすればいいのか、嫌われないようにするにはどうしたらいいのか、と考えてしまうでしょう。自分の向上のためのサッカーのはずが、気がついたら監督の機嫌のためのサッカーになってしまいます。これでは、自分軸ではなく、他人軸になってしまい、本当に自分がしたいサッカーが見失われていきます。

監督としては、上手くなってほしいと思って取った行動でしたが、選手にとっては逆効果でした。

●指導者に求められるのは、指示と支援のバランスを上手くとること

では、どう期待を表せばよかったのでしょうか。指導者には、大きく分けてふたつの要素が必要です。それは〝指示〟と〝支援〟です。

〝指示〟というのは、「こういう試合が予想されるから、それに対処できるようになるには、こういった練習をしよう」などといった〝動き〟に対する発言です。この内容は具体的で明確に、そして時に厳しく言わないといけません。指示がグダグダだと、選手たちもどう動いていいかわからず、チームの方針が揺らぐことになり、一丸になりにくくなってしまいます。

ただし、指示だけだと、〝メンタル〟の構成要素の〝思考〟は働くことになりますが、〝感情〟の部分にはノータッチです。この感情の部分に作用するのが〝支援〟です。支援とは、選手がスポーツをしたいと思える、好きだと思える心を尊重すること。このやりたい気持ちがあるのとないのとでは、結果が違うということは先ほどお話ししたと思います。

ハラスメントはこの指示ばかりが先行した状態です。ちなみに、支援だけだと、カウンセリング状態になり指導者とは言えません。また、両方なくなってしまっては、ネグレクトです。指導を放棄することになるので、これは問題外ですね。

この〝**指示**〟と〝**支援**〟、**両者のバランスを上手くとることが指導者にとって、とても大切なこと**です。このバランスは常に一定でなくても構いません。試合前は、士気は上がっていることも多いので、的確な指示が必要でしょうし、負けた試合後に指示ばかりして、問題点ばかり言われたとしたら、選手はやる気を喪失します。相手によって、状況によって、同じ一人の監督でも、このバランスを使い分けることが大切なのです。

これは、スポーツに限ることではありません。企業のリーダーや上司にも同じことが言えます。それは、スポーツでも会社でも、同じ〝チーム〟であるからです。

◆◆◆ グループとチームの違い

〝グループ〟と〝チーム〟の違いを意識したことはあるでしょうか。グループもチームも日本語だと同じ〝集団〟ですが、このふたつには明確な違いがあります。

●グループは足し算、チームは掛け算

グループは二人以上の集団でありながら、それぞれの目的は別でも構いません。小学生のとき、先生から「今から理科の実験をします。適当にグループを作ってください」と言われて、仲良い友達とグループを組むことがあったので

はないかと思いますが、あれは〝仲がいい〟というだけの理由で、メンバーを選択しています。深い理由があったわけではなく、明確な目標に向けて役割分担があった上で集まったわけでもありません。ただの個人が集まっただけの集合体で、これは足し算方式です。

一方、**チームは全員が認識しているひとつの目標があります**。その上で、各々にその目標を達成するための明確な役割があり、お互いに切磋琢磨《せっさたくま》していく集団です。ですので、こちらはお互いの特性を知って協力していかなければいけません。そうすることで、個々の違いがもっと輝けるようになる掛け算方式です。

では、スポーツがあるべき姿はどちらにあたるでしょうか。当然、チームになります。「どの野球チームが好きなの?」とは聞きますが、「どの野球グループが好きなの?」という質問は聞いたことがないはずです。野球でもサッカーでもバスケットボールでも、どんな競技でも団体戦で使われるのは〝チーム〟という言葉になります。

●チームの目標に個性をもたらすスローガンやテーマ

先ほどお話しした通り、チームになると、共通するひとつの目標があります。スポーツでは優勝や勝利という目標ですね。その目標に、もう一歩個性をもたらすのが、スローガンやテーマです。目標を〝優勝〟とする中でも、「どういったプレーをしていきたい」という意思がこれにあたります。

同じ目標を抱えているメンバーが集まったチームですから、その目標を達成するためには各々に役割が必要になります。それが、監督であり、コーチ、選手、ドクターといった具合に分かれていきます。チームは全員が、この目標とスローガンを認識し、適宜それを確認し合う必要があります。

では、これを会社に置き換えてみましょう。会社も、〝業績を伸ばす〟だったり、〝上場する〟だったり、その会社にとっての目標があります。それをより具体化するのが、会社の方針です。そして、社長、部長、営業、広報、人事などそれぞれに役割があります。それぞれが会社の目標を認識し、それに向かって協力し合う――結局、会社もスポーツと同じ〝チーム〟なのです。

いいチームに不可欠な〝心理的安全性〟

チームと一言で言っても、すごくいい雰囲気のチームもあれば、なんとなく居心地の悪いチームもあるでしょう。その違いはどこにあるのか考えてみましょう。

●心理的安全性が不足しているとチームに不安が生じる

チームにおいて、一番大切なキーワードがあります。それは〝心理的安全性〟です。アメリカに拠点を置くGoogle社も「成功するチームの構築に最も重要なものは心理的安全性である」と発表しています。

〝心理的安全性〟とは、「チームのメンバーがそれぞれ不安を抱えることなく、自由に発言したり、行動に移したりできる状態のこと」を指します。さらに、〝チームとしての心理的安全性〟とは、「対人関係のリスクを負うことに対して安全であるという、チームの共有された信念のこと」と訳されています。

この心理的安全性が不足していると、チームにとって大きく分けて4つの不安が生じてきます。

1つ目は、**無知だと思われる不安**です。「なんだ、こんなことも知らないのか」と思われてしまうのでは……という不安から、わからないことが言えない、知らないことや不明点を聞くことができないという状態です。

2つ目は、**無能だと思われる不安**です。「入社して1年も経ったのに、まだこんなこともできないのか」というようなことを言われたら、どう思いますか？

この部下はおそらく、今後失敗やミスを犯したときも、隠蔽《いんぺい》してしまったり、人になすりつけたりしようとして、自分のせいとは認められないでしょう。なすりつけられた方はたまったものではありませんし、隠蔽が後々わかったら大変なことになってしまいます。

3つ目は、**邪魔していると思われる不安**です。「あの人のせいで、なかなか仕事が進まない」と思われるのではないか、「こんなことを言ったら嫌われたり、もう使ってもらえないのではないか……」そういった不安から、自発的な発言を控えてしまったり、新しいアイデアを思いついたとしても、口に出して言えないということが生じます。スポーツだとしたら、自分がこれを言ったら、チームの方針を邪魔しているのではと思って、監督の方針にすんなり従ってしまう状況です。

4つ目は、**ネガティブだと思われる不安**です。リスクヘッジはとても重要なことなのに、「自分が反対するせいで、チームが決断できない状況を作ることになったらどうしよう……」と考え、否定的に捉えられる発言は躊躇《ちゅうちょ》してしまうということです。これでは、誰もがプラスなことしか言わないので、本当に指摘すべき重要項目を指摘できないという問題が生じます。

●心理的安全性が確保されていることが安心感を生む

では、心理的安全性が確保されていると、どういったチームになるかをみていきましょう。

1つ目は、**無知だと思われない安心感**。知らないことや不明点を聞くことができるので、質問者は知識を増やすきっかけになりますし、解答者も言語化することで、理解を深めることができます。もしかすると、解答者も知らない可能性があり、その場合は問題点のブラッシュアップにつながり、そこからまた新しいアイデアが生まれる可能性があります。

2つ目は、**無能だと思われない安心感**。自分のミスを素直に認めることができるので、同じ間違いを繰り返すことの防止になりますし、大きなトラブルの回避になります。また、メンバー全員で課題を解決することで、他の人が同じミスをすることを防ぐことができるほか、所属欲求といって、自分がどこかに属していることで得られる安心感も満たされ、受け入れてくれた会社を自分の居場所として感じ取ることができます。

3つ目は、**邪魔だと思われない安心感**。自分の意見を自発的に発言できるので、チーム内での意見交換が活性化されますし、メンバー自身が、より主体的に動こうとするので、チーム全体が躍動するでしょう。

4つ目は、**ネガティブだと思われない安心感**。プラスな意見ばかりでなく、否定的な意見も発信できるので、トラブルを事前に回避し、リスクヘッジができますし、自分の意見に自信を持つことにもつながります。

●いいチームとはどんなチームか

心理的安全性を確保することは、会社でもスポーツでも、どんなチームにとっても共通して大切なことですが、ここでスポーツの面から見たときの〝いいチーム〟の定義を、より具体的にまとめてみましょう。

スポーツにおける、〝いいチーム〟とは、以下のことができていることが条件となります。

・勝利という目標を掲げている

・目標に向かって日々練習している
・選手、監督、コーチ、スタッフ、すべてのメンバーが特別な存在であることを認識している
・それぞれに任務があり、役割分担している
・リーダー（監督）がいる
・スポーツチームである
・目的が皆同じで共有されている
・チーム全体が意欲的
・それぞれの個性を認め合っている
・互いに意見を言い合うことができる
・すべてのメンバーが特別な存在であることを認識している
・リーダーがいる
・グループではなくチームであることを意識する

このうち、後半の7項目はどんなチームにも当てはまる〝いいチーム〟の条件となりますが、スポーツチームに特有で当てはまる条件としては、最初にあげた6項目、すなわち次のようになります。

・勝利という目標を掲げている
・目標に向かって日々練習している
・選手、監督、コーチ、スタッフ、すべてのメンバーが特別な存在であることを認識している
・それぞれに任務があり、役割分担している
・リーダー（監督）がいる
・スポーツチームである

このチーム論は、団体スポーツだけに当てはまるわけではありません。個人スポーツでも同じことが言えます。

たとえば、アイススケートを例にあげましょう。私たちがテレビで大会を見ているとき、競技者は一人、そして競技後、結果を見ている場面になると隣には二人三脚のコーチ……一見、登場人物は二人のように見えますが、そんなことはありません。常に一緒なのは二人だったとしても、過去の映像を振り返るテクニカルスタッフや体の状態を作るメディカルスタッフ、食事の管理をする管理栄養士など、テレビには映らない様々な人が集まって、チームとなっているのです。個人スポーツでも立派なチームです。

ハラスメントとチームの関係

チーム論は団体競技だけでなく、個人競技にも同じように当てはまりますが、この章の最初のところでも触れた〝ハラスメント〟の観点で見ると、個人競技と団体競技では異なる面があり、個人競技は団体競技よりもハラスメントに陥りやすい環境にあります。

●共有する時間が長く、身近な人になればなるほど怒りの強度は増す

団体競技は、基本的に小さい頃からずっとコーチが一緒という状況はありません。アンダー12世代、アンダー15世代、アンダー18世代とかなり細かく世代

別に分かれていますし、監督もチームメイトも変わります。プロになってからも、移籍したり、監督が変わったりと常に外部からの影響を受けやすい環境があります。そして、関係性が1対1ではなく1対大人数。塾と家庭教師を想像するとわかりやすいと思いますが、このふたつでは、先生が授業中に一人の生徒にかけられる時間の差は明確だと思います。

個人競技は、団体競技に比べてコーチと1対1の時間が長いもの。さらにマイナー競技だと、スポンサーがつきにくく、個人でお金を払って人を雇わないといけません。満足にチームを集められるわけではないので、コーチとの1対1の時間がもっと増えていきます。

そして、こういったスポーツでは、ほとんどのアスリートが幼い頃から特定のコーチとずっと練習をしています。これは怒りの性質として言えることですが、怒りは共有する時間が長ければ長いほど強くなりますし、身近な人になればなるほど強度が増します。しかも、その関係性が密であればあるほど、外部からの意見に耳を持たない人も多く、完全にその二人だけの師弟関係が出来上がっています。

もちろん、1対1で指導を受けることの良さもたくさんあります。ただ、「二人三脚で、もう家族のようです」というようなコーチとアスリートの関係は、一見素晴らしいものですが、こういった危険性も含んでいることは覚えておきましょう。

ハラスメントの危険性は、もちろん団体競技においても、含まれています。ハラスメントに対する意識が高まっている昨今、どの競技でも指導法に対する見直しは必要と言えるでしょう。それは、会社などで部下を指導するような立場の人にも当てはまることです。

◆◆◆ 〝ハラスメント対策＝怒らない〟ではない

指導者がチームをより良い方向に導こうとするとき、注意が必要なのはハラスメントです。指導をしていれば、怒りたくなる場面も出てくると思いますが、そんなときハラスメントにならない怒り方ができないといけません。

● 怒らないのではなく、ハラスメントにならないように怒り方を変える

今の時代、「何を言ってもハラスメントになるから怖い」という声を耳にします。実際私も、少しやりすぎの風潮は感じますが、ここで私がいくら叫んでも、世間の認識が変わるわけではありません。

だからといって、常にニコニコ怒らないでいるというのも無理な話です。ですから、怒らないようにするのではなく、ハラスメントにならないようにする、という視点を持つことが大切です。怒り方を変えるといった考え方です。これは、スポーツであろうと会社であろうと、指導をするような相手がいる立場の人なら同じことが言えますので、少しでも心当たりがある人はしっかり読んでくださいね。

まずは、〝よくない怒り〟の4項目をお伝えします。次の4つです。

1　強度が強い

2　攻撃性がある

3　頻度が高い

4　持続性がある

1つ目の〝強度が強い〟というのは、**怒るときの口調が鋭かったり、声の大きさが極端に大きかったりすること**です。口が悪いと言われるような人は特に注意すべきポイントかもしれません。

2つ目の〝攻撃性がある〟というのは、**物に当たったり、暴力的な行動や発言があったりすること**です。物に当たるというのは、直接その人に物を投げつけるといった行為以外にも、椅子を蹴ったり、壁を殴ったりすることも含まれます。これは、第三者に暴言を吐く、つまり選手や部下といった当事者に対してではなく、マネージャーやドクター、広報などチームに携わる他のスタッフに対して吐く暴言にも通じることです。暴言を吐く相手が自分でなかったとしても、それを目の前で見た人は、「次は自分なのではないか」と脳内で怒りの対象を自分に置き換えてしまうので、間接的に恐怖を感じてしまうのです。

3つ目の〝頻度が高い〟というのは、**ちょっとしたことでイライラして頻繁**

に怒るということです。周りの人にしてみれば、どのタイミングで怒るのかわからないですし、回数も多いため、いつ怒るのかとヒヤヒヤする状態を強いられることになります。

4つ目の〝持続性がある〟というのは、**怒りに持続性があるということ**です。怒ってもその場で終了せず、1時間後も2時間後も、下手をしたら次の日や次の試合まで引きずる……これでは、ずっとその人の機嫌を伺いながら行動しないといけないため、周りは自分のことに集中できなくなります。

●ハラスメントに捉えられる可能性が高い言葉にも注意

また、怒るときにこれを使うと〝ハラスメントに捉えられる可能性が高い〟という言葉があります。

まずは、**人格を否定するような言葉**。「くそ！」「お前はバカか？」などの発言です。「下手くそ！」と**能力自体を否定するような発言**もよくありません。仮に相手がハラスメントと受け取らなかったとしても、せっかくがんばろうと思っているのに、「お前は才能ないな」とか、「本当に下手だな」などと言われてしまうと、「あー、もう実力がないんだ」とやる気がなくなってしまいませんか？

また、〝いつも〟や〝いつになっても〟というような**連続性を示す言葉**をつけるのもよくありません。こういった言葉は、褒めるときにはいいのですが、けなすときにつけてしまうと、相手は「この先やっていっても自分はダメなのではないか」と思ってしまいますし、自分としてはいいと思えるときがあったとしても、「もうコーチは自分にダメレッテルを貼っているな」と思い、練習する気も削《そ》がれてしまいます。

そのほか、〝必ず〟や〝絶対〟というような**相手を決めつける言葉**もよくありません。〝いつも〟がよくないのと同じように、〝必ず〟という決めつけをされると、「今後ももうダメなのではないか」と感じられ、「がんばってもできない」というレッテルが貼られたように感じられることがあります。

発言にも注意しましょう。「言った通りに動け**！**」と言ったり、「俺の言うことを聞け**！**」「口答えするな**！**」と言ったりするのは、**支配的な発言**になってしまうので、ハラスメントに値する可能性があります。

「なんで?」「なぜ?」という疑問の投げかけも、コーチングには大切ですが、使い方が重要です。**連続的に複数回、疑問の言葉を投げかける**と、相手は圧を感じて萎縮《いしゅく》する可能性があり、成長のための投げかけが、たちまち相手を追い詰める凶器に変わってしまいます。

そのほかにも、「お前の代わりはいくらでもいる**！**」というような言葉は、自分の**存在自体の否定につながる**ため、精神的な攻撃になります。

ハラスメントに捉えられるかもしれない

注意したい言葉・発言

- 人格を否定するような言葉

→ 「くそ！」「お前はバカか？」など

- 能力自体を否定するような発言

→ 「下手くそ！」「才能ないな」など

- 連続性を示す言葉

→ 「いつも」「いつになっても」など

- 相手を決めつける言葉

→ 「必ず」「絶対」など

- 支配的な発言

→ 「言った通りに動け」「俺の言うことを聞け」など

- 連続的に複数回投げかける疑問の言葉

→ 「なんで？」「なぜ？」など

- 存在自体の否定につながる発言

→ 「お前の代わりはいくらでもいる」など

怒るという行為の裏には、必ず相手への不満や期待などの感情が含まれています。怒るという態度で示すのではなく、しっかりその不満や期待を言語化することで、より良いコミュニケーションにつながります。あくまで、**怒る行為の発端は、相手に何かを伝えたいという気持ち**、そして**ゴールはその気持ちを相手が正しく受け取ること**であるということを忘れないでください。

いいところは技術や成績だけで判断できるのか

サッカーでもバスケットボールでも、人の目を引くのは得点シーンです。もちろん、誰かが点を入れないと、そのチームが勝つことはありません。だから、得点することはとても大事。しかし、それだけがスポーツの魅力でしょうか。そんなことはありません。

● チームの輝きは、一人の力だけで生まれるわけではない

私は昔からサッカーが好きですが、時々友達に「サッカーって90分で得点が3点くらいしか入らないでしょ？　0点のときもあるのに面白いの？」と聞か

れます。それに対する私の答えは「いやいや、面白いに決まってるじゃん。90分間、瞬《まばた》きできないくらいどのシーンも重要だよ！」です。それは、得点シーンだけが魅力だと思っていないからです。中盤でのパス、サイドを駆け上がるドリブル、相手選手からのインターセプト……シュート以外の魅力も語りきれません。

サッカーは守備から得点が生まれると言われるくらい、ディフェンダーの動きも大切。もちろん、失点ゼロで終わるクリーンシートであれば、「守備がすごかったんだ！」とわかりますが、得点者のように名前が記録されるわけではありません。ゴール前へのラストパスだって、そこにつないだ選手の名前は呼ばれません。スタジアムで鳴り響く名前はいつだって得点者。しかし、だからといって得点者だけでゴールが成り立つでしょうか。決してそんなことはありません。ゴールキーパーがいて、パスをつなぐ選手がいて、初めてひとつのゴールが生まれるのです。

目を引く得点シーン以外にも、面白さがぎっしり詰まっているのがサッカー。
サッカーの魅力を語り出したら止まりません。

会社も一緒です。一番業績を上げたチームリーダーは、誰が見てもわかりやすい称賛の対象で、みんなから褒められるかもしれません。しかし、リーダーだけががんばったわけではなく、チームのみんながかんばったはずです。

それに、そもそも一番業績を上げたチームの人以外にも、会社にはたくさんの人がいます。たとえば、加湿器に水を入れたり、雨の日に濡れている床を拭いたり、そんな誰もが気がつかないところをやる人がいるから、みんなが気持ちよく仕事ができるわけです。

でも、そういった人たちの働きは、直接業績には反映されにくいですし、もし結果だけで測るなら、この人たちはなかなか評価されないかもしれません。でも、この人たちがいなかったら、もしかすると会社の雰囲気が悪くなって、全体の業績まで落ちてしまうかもしれません。この人たちも欠かせない存在なのです。

● 評価を得るために行動しない方が、評価につながる行動を続けられる

イングランドのサッカークラブ、マンチェスター・シティに密着したドキュメンタリー番組『オール・オア・ナッシング』を見たことがあるでしょうか。この番組のことを話すとき、必ず欠かせない存在がいます。それは、選手でも監督でもない、一人の用具係です。もちろん普通に試合を見ているとき、ピッチ上に彼の姿はありません。でも、番組内では、彼の存在がチームの雰囲気を良くしていることが一目瞭然《いちもくりょうぜん》でした。それは試合結果だけでは決してわかりません。**結果に残らない人が、実は結果の源になる**ということを痛感した映像でした。

そんなポジションは、なかなか報われない、誰も気づいてくれないのではないか、と思う人もいると思います。その通りです。それを、「いや、みんな見てるよ！」というのは綺麗事です。

でも、それを継続していると、確実に気がついてくれる人が少なからず出てきます。それまで続けるためのポイントは、〝みんなが気がついて、私の評価が上がる〟ということを目的にするのではなく、〝私もみんなも働きやすい環境のために行う〟とすること。

みんなが気がついて自分の評価を上げるために行っていると、「なんで気がついてくれないの？」「いつになったら気がついてくれるの？」と先を急いでしまいます。

しかし、「自分が気持ちよく働くためにはどうすればいいんだろう？」と考えれば、「加湿されている方が喉の調子がいい」とか、自分にとってちゃんといいことがあるとわかるので、自然と続けることができるのです。そして、自分自身も気持ちよく仕事ができますし、気がついてもらえたときには評価を上げてもらえる可能性もあります。

評価のために行動するのではなく、行動の先に評価がある――その順番を間違えないようにしてください。

CHAPTER 5

第５章

メンタルを整える時間の過ごし方

―― 目標と目的を持ちながら

目標の立て方

目標があれば、実現しようとやる気が湧きますし、達成すれば自信にもなります。特にスポーツにおいては、適切な目標を立てることが望まれますが、目標はただ漠然と立てればいいわけではありません。目標の立て方にもコツがあります。

●目標はそこにたどり着くまでのストーリーを考えるために立てる

サッカー少年に「目標はなんですか?」と聞くと、「サッカー選手になる!」「海外でプレーする!」という目標を掲げてくれます。みんな笑顔で、生き生きとした表情。

ただ、それだけでは自分の夢になってしまいます。目標を立てる本当の意味は、そこにたどり着くまでの自分のストーリーを考えること。それには、再三言っている〝**今の自分を分析する**〟**ことから始まります**。今の自分と、夢の間にはどのくらい差があるでしょうか。たとえば、中学生のサッカー少年がいたとしたら、プロのサッカー選手になるのは、高校卒業後なのか、大学卒業後なのか。大学時代に特別指定選手で試合に出る人もいます。自分の目標をより具合的に設定することはとても重要です。

大きな目標を具体的に設定したあとは、ストーリーの中の分岐点となるようなポイントとなる目標を立てます。中学生のサッカー少年を例にするなら、高校生に上がるところですね。どの高校なのか、クラブチームなのか。その次は、そこにたどり着くために中学3年間をどう過ごすのか。1年生が終わった時点でレギュラーに入るのか。1年後の目標が決まれば、あとは3カ月後の目標、

1カ月の目標、1週間の目標、明日の目標……そのように細分化していくことが必要です。

●上手くいかなかったときに、どう方向修正していくかが大切

このように目標を立てていくときに、注意したいのは、目の前の目標にとらわれすぎないことです。正直な話、最初に立てた目標通りに事が進む人なんてほとんどいません。むしろ、全然上手くいかないことばかりです。

ポイントは上手くいかないことではなく、そのときにどう方向修正していくのか。ぶっちゃけて言ってしまえば、本来はどこのプロセスを通ったっていいんです。高校サッカーでもユースチームでも、独学で入れてしまうのなら、それだってまったく間違いではありません。〝**点**〟**での目標は、あくまで最終目的地へわかりやすくたどり着くための単なる指標**です。

だから、もし迷って違う通過ポイントに行ったら、そこからゴールに行くにはどうすればいいかと考えるだけです。もしかしたら、そっちの道の方が近道かもしれないし、思いがけない宝石を見つけられるかもしれません。

昔から伝わる「急がば回れ」。これは、急ぐとき、無理に近道をするより、遠くても安全な道を通る方が結局は早く到着できるという意味です。当たり前ですが、AとBの道があって、Bの方が見晴らしも良く、最短で着くことができ、安全も保証されているのであれば、確実にみんなBを選びます。でも、BがダメになりBを通るのはいくら近道でも危険かもしれないと思ったとき、それでもBにこだわり続けるのではなく、「あ、隣にはAと言う道もあったんだ。ではこっちを通ってみよう」と方向転換を図るところから、「急がば回れ」の教えが生きてきます。

目標は明確、具体的に。でも、最後の軸だけブレなければ、赤ペン先生は何回でも可能なのです。

振り返りはその日中に

目標を立てるのはいいことですが、それをまったく振り返らないと目標を立てた効果も半減します。では、どのタイミングで振り返ればいいのでしょうか。

●忘れないうちに振り返ることが大切

基本的に大きなビジョンとなるところは、数カ月に一度振り返ればいいと思います。しかし、それを達成するために1日1日、目標を立てているのであれば、それはしっかりその日中に振り返るべきです。

私が小中高生のサッカー少年・少女と話すときには、サッカーノートを作ることを勧めています。ノートに目標を書いて練習に行き、帰ってきたら、「どれができていたか」「どれがもう少し改善の余地があるか」「改善方法はどうするか」を書いていきます。

しかし、社会人になるとそこまで気持ちが回らないんですよね。その気になれば、本当は時間はあるのでしょうが、誰かがお尻を叩いてくれるわけではないですから、疲れたらそのままダラダラしてしまう……私も完全にそっち側の人間です。帰ってからじっくり自分と向き合う——もちろんそれが理想的なので、できる人にはやってもらいたいですが、できない人が大勢いることでしょう。

それでも、私がなぜその日のうちに振り返ることを勧めるかと言うと、それにはしっかり根拠があります。実は、人間の脳はみんな揃ってかなりの忘れん坊なのです。ドイツの心理学者エビングハウスのものが有名ですが、〝忘却曲線〟というものをご存じでしょうか。これは簡単に言うと、記憶の忘却を学問的に表わすものですが、記憶を保持するためには、復習することが有効だということが示唆されています。大事なことがあっても、そのまま何も振り返らないで、次の日に整理しようというのでは、なかなか正しい整理ができません。これではもったいないですよね。

そうはいっても、書くのは面倒というとき、折衷案《せっちゅうあん》として、その日の帰りの電車の中やお風呂に入っているときなど、**少し暇な時間に振り返る**ということをオススメします。〝書く〟という動作までは面倒でも、〝思い出す〟だけであれば、机もペンもいりません。どこでも、ふとした瞬間にできます。そんな形でも振り返っておくと、次の日でも記憶を残しておきやすいのです。何かの目標を達成するためにがんばっている人は、ぜひ実践してみてください。

目的と目標の違い

目標を立てることと同じくらい、目的を明確にしておくことも大切です。目的と目標。一見似た言葉ですが、この違いを考えたことはあるでしょうか。

目的があれば、モチベーションの維持につながる

よく新学期・新学年といった節目を迎えたとき、〝目標を立てよう〟といった時間が設けられると思います。私も、誕生日には必ずその1年の目標を立てます。目標は、明確で具体的、わかりやすいものであるべきです。たとえば、プレミアリーグの選手になる——これは具体的な目標ですね。

では、目的とはなんでしょう。簡単に言うと、目標が〝何を〟やりたいのかであるのに対して、**目的は〝何のために〟それをするのか――つまり物事をやる理由**になります。これを言語化できると、自分の行動に意味づけがされるようになるので、モチベーションにもなりますし、振り返ることで、心が折れるのを防ぐことにもなります。

目標だけだと、それが達成できなかったとき、どうなるでしょうか。たとえば、オリンピックに出場するという目標を立てていた選手がオリンピックに出られなかったとき、すぐさま、「よし！　あと4年後！」と切り替えられる人がどれくらいいるでしょうか。そのまま競技生活をやめてしまう選手だっていると思います。逆のパターンもあり得ます。オリンピックが目標の選手が、オリンピックに出たとすると、自分の目標は達成してしまったわけです。そこから競技へのモチベーションを失ってしまう……こういったことは本当によくあることです。

そのとき大切なのが、目的を持っていることです。スポーツであれば、一体なんのためにスポーツをしているのか——それが言葉としてわかっていれば、自分のモチベーションの維持につながります。

たとえば、私は精神科医でスポーツを通じたメンタル育成をテーマに活動しています。目標は、もっと多くのアカデミー世代と契約して、日常的なメンタルサポートをすることです。そして、冒頭に書いたことと少し重なりますが、私がこの仕事をする目的は3つあります。

1つ目は、昔からサッカーが好きで、サッカーに携わる仕事がしたかったということ。これは、他の科や医師以外の選択肢もありましたが、当時スポーツメンタルがまだ主流ではなかったので、「早く携わるにはこれだ！」と思いました。

2つ目は、ひとつのことを極められるアスリートのその力を、セカンドライフでも活かせる未来を作る手助けがしたかったということ。あんなにかっこいいスポーツ選手が〝スポーツバカ〟という言葉で片付けられるのは、もったいないと思っていたんです。ひとつのことをあそこまで極めた人たちが、他のことにその力を生かせないわけがない！

3つ目は、もっとみんなが〝自分の存在を肯定できる世の中になってほしい〟ということ。精神科で診察をしていると、自分よりも世間の空気を読むことに重きを置いている人や自分の意見を言えない人が、明らかに精神疾患を患《わずら》いやすいということを感じますが、自分の意見を言うことや、自分は本当は何がやりたいのかという感情に気がつくために、今の教育はなかなか親切ではありません。でも、スポーツを使うと、それがとてもわかりやすいと気がついたんです。

私はこの3つの気づきと目的を常に心に置いています。なかなか日本に浸透

メンタルアドバイザーを務めていた「ブラインドサッカー日本代表」の高田敏志監督との試合後のツーショット。私の目的のひとつでもある「サッカーに携わる仕事がしたい」を叶えています。

していない文化なので、はっきりいって最初は全然上手くいきませんでした。〝女性〟〝若い〟といったことも加味していたと思います。でもそんな状況は変わらないのだから、とにかく「自分のやれることをやるんだ！」と思って取り組んできた結果、ようやく少しずつですが、自分のやりたいことが形になってきました。

目標だけでは、途中で心が折れていたと思います。目的を持つことは、どんな職種でも大切なことなのです。

◆◆◆ ルーティンの位置付け

決まっている手順や日課といった意味のルーティン。今ではメンタルコントロールのひとつの方法として、すっかり有名になりました。このルーティンについて、どう捉えておけばいいのでしょうか。

● 心を整えるひとつのツールとしてルーティンは有効

私が講義をさせていただくと、ほとんどの会場で「ルーティンを作ることはいいことですか？」という質問をいただきます。それだけ興味があることなんですね。

結論から言うと、私はいいことだと思います。ただ、**ルーティンを作る目的は、勝つことではなく、あくまで自分の心を整えること。そのためのひとつのツールに過ぎない**、ということをわかっていた方がいいでしょう。つまり、「ルーティンをしたから、勝てる！」ではなく「ルーティンをしたから、いつもの自分で勝負に挑める！」ということです。

もちろん、勝負事の前にすることなので、目的は勝つことなのですが、勝つという結果にルーティンが直結すると、ルーティンをしたことで、「勝てるんだ、勝てるんだ」と勝敗にばかり目が行ってしまうことになります。それによって自分を追い込むことになり、気がついたら現実が見えなくなることもあるというわけです。そして、試合である以上、もちろん負けることもあります。その度にルーティンを変えるとなると、よくわからないことですよね。

ですから、ルーティンは〝勝ち〟ではなく〝勝ちにいく自分〟に向かうものなのです。その上で、私がルーティンをいいと言った理由はふたつあります。

1つ目は、いつもと同じことをすることで、**いつもと同じ自分に帰ることができる**からです。ですから、大事な試合でというよりは、どの試合も同様に同じ行為をすることが必要です。

2つ目は、ルーティンを作ることで**余計なことを考える隙間がなくなる**ことです。前述しましたが、人間が一度に考えられる容量には限度があります。試合に臨むにあたり、本来は今自分がするべき行動を考えるべきなのですが、緊張状態にある場合、それが難しいことがあります。そんなヒートアップした状態を少し冷ましてくれるのがルーティンです。ですので、なんとなくできるもののより、少し複雑なものの方がいいですし、いくつかの動作を組み合わせるものの方がいいでしょう。

イチロー選手が打席に入ってから打つまでの行動には、細かいルーティンがいくつも組み合わさっていると聞いたことがあります。きっと複雑なルーティンをこなしているうちに、自分の方にペースを持ってくることができるのでしょう。

自分と向き合う時間を持つことで、他人軸から自分軸に変える時間をもたらしてくれる、これがルーティンです。

試合前、本当にリラックスできている？

大事な本番の前、緊張してくるとリラックスしたいと思うことでしょう。しかし、いいリラックス状態になれないなら、それがかえってマイナスになることもあります。望ましいリラックスについて、考えてみましょう。

●腑抜けている状態をリラックスしているとは言えない

試合前にリラックスするのが大事。それはよく言われますよね。私もよく「緊張しないようにするには、どうすればいいですか？」と聞かれます。

これに対して言えるのは、まずは楽しむこと。そして、この本の中でも言ってきましたが、〝今できることに集中する〟〝ルーティンを試してみる〟といった方法があげられます。

また、多くの人が大事な場面の前でガチガチになってしまい、それを何とかしたいと思うのではないかと思いますが、大事な場面でのリラックスに関しては、時々まったく逆のこんな質問が飛んでくることがあります。

「緊張しているときの方が活躍できるんですよね。自分でリラックスしているなと思うときは、なかなか上手くいかなくて……リラックスするべきではないんですか？」

これに対しては、〝リラックス〟と〝だラックス〟という言葉をお伝えしたいと思います。

〝リラックス〟と〝だラックス〟、このふたつは大きく違います。

まず〝リラックス〟というのは、あれこれ色々なことを想像せず、今の自分のことが冷静に見つめられている状態です。思考もしっかり働いているので、**やるべきことに集中している状態**です。

一方の〝だラックス〟はいわゆる〝腑抜けている〟状態。スポーツは常に同じ状況がなく、試合中は自分で状況を判断して考えて行動することを繰り返さなくてはいけません。しかし、〝だラックス〟の状態では、このプロセスが上手くいきません。思考の暴走はしていませんが、**そもそも思考が働いていない状態**です。

車でたとえると、試合前のいい〝リラックス〟は、エンジンをかけて、温めておいてあるので、あとは試合開始とともにアクセルを踏めば、いつでも発車OKという状態。〝だラックス〟は、エンジンすらも切ってしまっている状態だと思ってください。これでは、試合でいきなり走り出そうとしてもなかなか上手くいきません。

●良い緊張感を保つことが望ましい

良い緊張感は、良いパフォーマンスにつながることが科学的にも証明されます。人間の自律神経は、交感神経と副交感神経により成り立っています。緊張しているとき、人間はそのひとつ、交感神経が優位になります。交感神経が優位になると、ノルアドレナリンという脳内物質が分泌されます。これは、集中力の向上ややる気の上昇にかかわるホルモンなのです。

うつ状態になると、何に対してもやる気がわかない、なかなか物事に集中できないといった症状が頻繁にあげられますが、これはノルアドレナリンが上手く使えなくなるためなのです。抗うつ薬にはこのノルアドレナリンを増やす作用のものもあります。このホルモンが適度に出るのが、良い緊張。「リラックスするべき」というのは、緊張しすぎてノルアドレナリンが出すぎてしまうと、怒りや興奮もどんどん強くなってきてしまうので、冷静に事を運べなくなってしまうからです。

ですから、過度な緊張でもなく、〝だラックス〟でもなく、〝リラックス〟。なかなか難しいことですが、それには、これまで再々申し上げてきたとおり〝**今の自分を見つめる**〟**ことが何より大切**です。

◆◆◆ ビッグマウスはいいこと？ 悪いこと？

大口を叩くといった意味で使われる〝ビッグマウス〟。アスリートにはサッカーの本田圭佑選手やイブラヒモビッチ選手など、〝ビッグマウス〟と呼ばれる選手が一定数います。ビッグマウスはいいことなのか、悪いことなのか。この判断は非常に難しいものだと思います。

● 挑発的な印象を与える言い方は良くない

そもそも、ビッグマウスと言われる選手は自分にプレッシャーをかけている側面が非常に強いと思います。有言実行するために、あえて自分から公言し、実行に移す――それは、ひとつのモチベーションを上げる方法だと思います。
しかし、問題点もあります。

一番大きな問題点は、挑発的な印象を受けることが多いこと。これは、言い方によるところが大きいです。自信があること自体は悪くないですし、むしろプラスに働くことが多いです。しかし、自信がある態度も、言い方を間違えてしまうと、〝ただの高慢ちき〟になってしまいます。

そうならないためにはどうすればいいか。それは、**マイナスな面もしっかり自分で自覚する**ことです。たとえば、「ディフェンスは苦手なんだけど、シュートはとても得意です！　だから、得点しまくります！」と発言した選手は、ただの高慢ちきとは思われないでしょう。

また、**失敗したときにそれを否定しない**こと。大きいことを言って、いざ失敗したら逃げる姿勢だったり、無言で立ち去ったり、誰かのせいにしていたりしたら、それは誹謗中傷《ひぼうちゅうしょう》の的《まと》です。

そして何よりも、**笑顔があること**。「は？　勝つに決まってるじゃないですか？」といった挑発的な態度は、どんな選手であっても不快な気持ちにさせますよね。この態度には、〝自分の強さを話し相手が知っていることが当然〟ということと、〝対戦相手に対する尊敬がまったく込められていない〟ということに問題があります。勝つかどうかなんて、やってみないとわかりませんし、相手だってその試合に向けて色々と準備をし、練習を重ねているわけです。それを「勝つに決まってるじゃないですか」といった一言で一蹴《いっしゅう》されてしまっては、誰だって嫌な気持ちになるでしょう。

●能力に自信があっても、事実と不確定な要素は区別して発言する

ビッグマウスが受け入れられる前提は、まず自分のできることがしっかり言語化されていること。そして、相手の実力も認めていること。ですから、当然

実力が伴っていることが必要なわけです。その過程でついた自信は確実に結果に結びつきます。

そもそも自分にプレッシャーをかける姿勢は成長するにあたり、すごいことだとは思いますが、あまりにそれをしすぎてしまうと、SNSがここまで流行している社会では、そのプレッシャーは2倍にも3倍にも膨れ上がります。結果、気がついたら自分で自分を追い詰めていることにもなりかねません。

だからといって、弱気すぎる態度になることや謙遜ばかりする必要はないと思います。強烈なシュートが打てたり、インターセプトが得意だったり、できることの事実は事実です。ただ、勝つかどうかは未来のことなので、誰にもわかりません。ここはしっかりと区別して発言するべきです。

ですから、もし私がスポーツ選手だとしたら、「勝ちます」という言葉より「もちろん試合なので、**勝ちにいきます**」という言葉を使うでしょう。似たような言葉ですが、受け手の捉え方は違うはずです。

昔、私の好きなイングランドのサッカークラブ、マンチェスター・シティが来日しました。そのときの対戦相手は、Jリーグの横浜F・マリノス。Jリーグのレベルが上がってきたとはいえ、世界トップレベルのチームであるマンチェスター・シティとJリーグのクラブチームとでは、どうしても実力差がある印象はぬぐえません。しかし、前日のインタビューで、マンチェスター・シティのDF（ディフェンダー）カイル・ウォーカー選手は「勝ちます」なんていう言葉は一言も言いませんでした。「僕たちはいつだってどんな相手だって、勝つために全力で戦いにいくだけだ」――これが、彼が残した言葉です。

また、試合前に行われる海外の監督へのインタビューを聞いていると、「格下相手との戦いですが」といった質問が記者からよく寄せられます。そういったとき、監督は「彼らは面白いサッカーをする」と言ったり、「決して弱いことなんてない」と言ったり、相手に敬意を払う発言をすることがほとんどです。どんなに強いチームであっても、その姿勢が変わることはありません。

●相手のことを尊重していれば、受け取る方も素直に受け止められる

では、日常生活で考えてみましょう。同じように実力があるAさんとBさん。しかし、ビッグマウスとはいかないまでも、なんとなく大口を叩くと言われるAさんと、自信があってかっこいいと言われるBさんがいたとします。その違いはどこにあるのでしょうか。

もちろん日常生活の場合は、実力がしっかり伴っているかという部分がかなり大きいでしょう。実力がないのに大きな発言をすることは、ただの虚勢ですし、一緒に働いている仲間にはすぐにばれるでしょう。

では、実力がある中で、なんとなくいけ好かないと思われるAさんの理由、それは**相手のことを尊重しているか**という部分だと思います。「尊敬する」と言葉で言うのもいいですが、普段からそう言っていると「本当に思っているの？」ともなりがちです。尊敬していることを言葉だけでなく、態度として見せることが大切。それには、はなっから相手のことを決めつけないこと。そし

て、相手の意見を対等な立場に立って聞き、議論をすることが大切です。

実力があれば、その力は周りの人にも自然と認識されるものです。しかし、いくら力を認められているからといって、もしその人が自分のことを決めつけるように「お前はもっとこうした方がいい」などと口を出してきたらどう思うでしょうか。たとえ、そのアドバイスが的確だったとしても、なんとなく素直に受け入れられない人もいるでしょう。

仕事をしていて「わかっているけど、そんな言い方しなくても……」と上司に対して思ったことがあるかと問われたら、おそらくほとんどの人があると言うはずです。それくらい言い方はとても大事。もし、上司がしっかり部下の意見を聞き、アドバイスをするときにも「がんばっているね」と最初に認めることを言ってくれたら、受け取る方も素直に受け止められます。

ですから、**ビッグマウスは悪いことではないけれど、言い方は考えた方がいい**というのが結論です。

食事と睡眠は何よりの精神療法

健康的な生活というと、食事や運動、睡眠に気をつけるといったことを思い浮かべる人が多いでしょう。これはもちろん、生活習慣病予防といった体の健康にとって大切なことですが、心の健康にも大切なことです。

アスリートに限らず、誰にとっても食事と睡眠は大切なもの

アスリートにとって〝食事と睡眠が大事〟というのは、みなさんイメージでわかっていると思います。しかし、それってアスリートにだけ重要かというと、もちろんそんなことはありません。みなさんなんとなく、「食事と運動。健康

のためには大事ですよね！　あ、あと睡眠も！」くらいの捉え方をしていますが、メンタルを整える意味でも、このトライアングルはとても重要です。

特に、食事と睡眠は、メンタルが安定しないときの最初の症状としても〝食欲不振〟〝眠れない〟といった形で出てきますし、このふたつが崩れることで、メンタルにもガタガタっと不調の和音が聞こえてきます。自分の**メンタルを守る最初の鉄則は、食事と睡眠のふたつを安定させること**だと思ってください。

●朝食をきちんと摂ろう

ではまず、食事に関して。まずは**3食きちんと食べること**。日本の朝食欠食率は1歳以上を対象にした厚生労働省の調査では、男性14・3％、女性10・2％となっており、20代を対象に見ると、男性27・9％、女性18・1％、30代でも男性27・1％、女性22・4％とかなりの人数で朝食を摂取していないことが伺

日本の朝食欠食率

	総数	男性	女性
総数	12.1%	14.3%	10.2%
1－6歳	4.7%	3.8%	5.4%
7－14歳	4.4%	5.2%	3.4%
15－19歳	12.9%	19.2%	5.9%
20－29歳	23.0%	27.9%	18.1%
30－39歳	24.6%	27.1%	22.4%
40－49歳	22.5%	28.5%	17.1%
50－59歳	17.8%	22.0%	14.4%
60－69歳	8.1%	9.6%	6.8%
70歳以上	4.0%	3.4%	4.5%

※厚生労働省『令和元年国民健康・栄養調査報告』より

えます。

また、少し古い研究ですが、東北大学で行われた20代から60代のビジネスマン1000名を対象にした『幸せ度とライフスタイルに関する意識と実態調査』では、〝生活全体での生活充実度〟などを100点満点で自己採点してもらったところ、朝食を毎日食べる人は65・4点、それに比べて、食べる回数が週2日以下の人は53・8点と有意《ゆうい》な差が生じました。ほかにも、健康状態や家族関係などにも差が生じ、総じて毎日しっかりとバランスのとれた朝ごはんを食べている人たちは、生活の充実度や自由時間の活用の満足度、仕事や経済的な満足度も高いことが明らかになりました。

この研究で注目したいことは、ほかにもあります。朝食を食べていない人は、イライラや不安を感じやすい人が多く、休日も寝て過ごす人が多いことです。また、働く意識をみても〝少しでも待遇・環境のよい職場があれば、転職をしたい〟と思っている人の割合が、朝食を週2日以下しか食べない人は57・1%に対し、毎日朝食を食べている人は36・4%と、こちらも差が出ています。こ

生活の自己採点（100点満点）

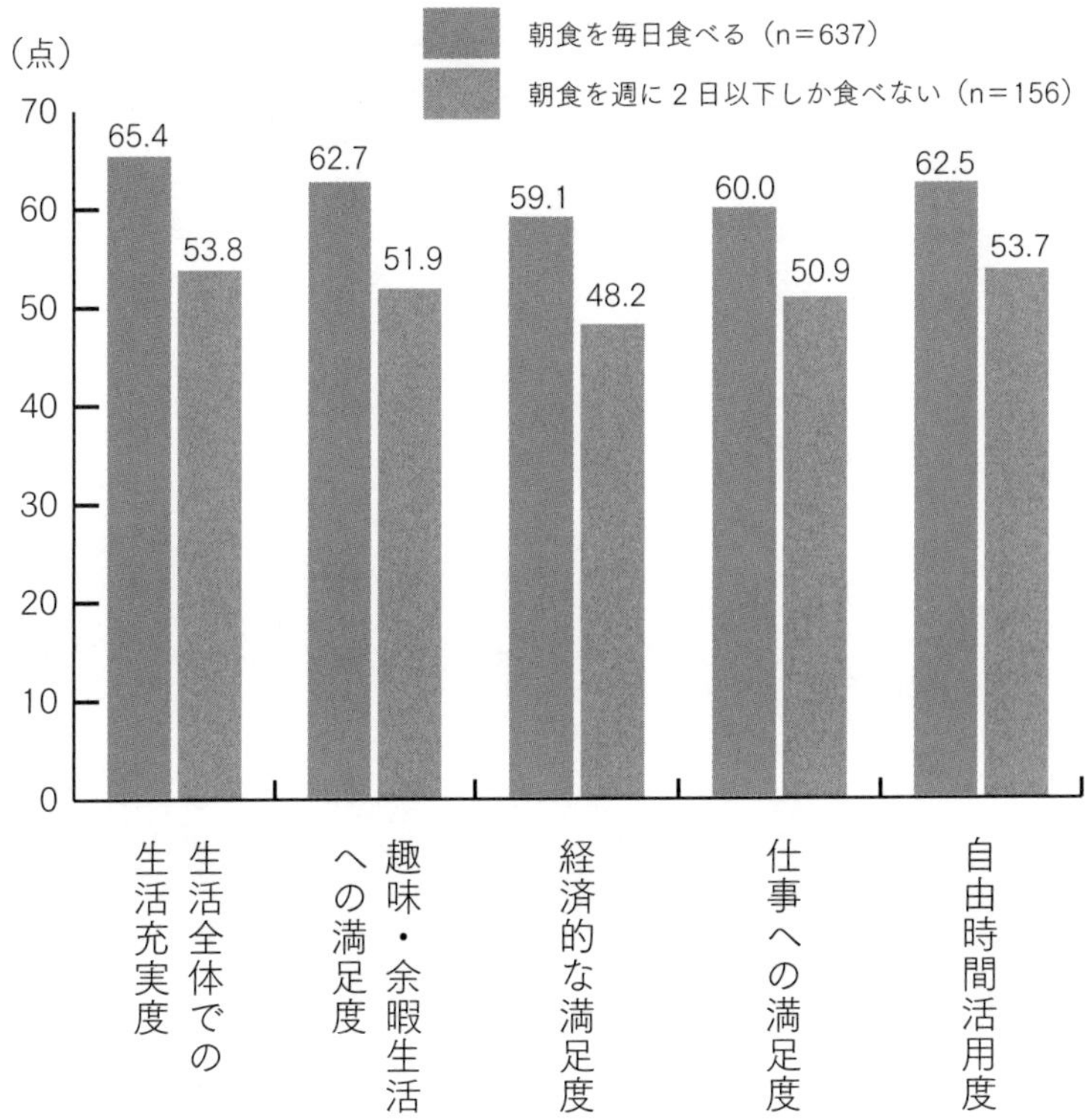

※東北大学加齢医学研究所 スマート・エイジング国際共同研究センター『幸せ度とライフスタイルに関する意識と実態調査』より

れは、一見「食べていない人が意欲的なのか?」とも思われる結果ですが、転職したい理由は待遇の良いところ。現状に対する不満を持ちやすかったり、目に見える待遇の良さで選んでいたりすることが伺えます。

朝食を摂ることは、生活リズムを整える意味でも、とても重要です。まずは5分でもいいので、仕事に行く前に落ち着く時間を作り、朝食を摂ることを心がけてください。

●バランスのとれた食事を摂ろう

次のステップは、食事の内容です。〝セロトニン〟という脳内ホルモンを聞いたことがあるでしょうか。セロトニンは〝幸せホルモン〟と言われていて、精神を安定させる働きがあります。うつ病とも深く関連があると言われており、抗うつ薬はこのセロトニンが不足しないようにする作用を担っています。

セロトニンはアミノ酸の一種であるトリプトファンから作られます。このトリプトファン、実は体内で作ることができないので、食事から摂らないといけません。トリプトファンが多く含まれる食材は、**大豆製品・乳製品・米・卵・ナッツ**などの食材です。また、トリプトファンからセロトニンを合成するにはビタミンB6が必要になります。ビタミンB6は**玄米、ブロッコリー、さば、かつお、さんま**などに多く含まれます。ですから、これらを上手く摂取することが大切です。

なかなかバランスのとれた食事なんて用意する暇がないという人は、**朝食に牛乳とフルーツを食べる**ことをオススメします。フルーツはビタミンも豊富ですし、特にバナナは、トリプトファンもビタミンB6も含まれており、栄養の宝庫！　フルーツは夜に食べているという人もいるかもしれません。体重をそんなに気にしていない人はいいのですが、実は、果物に含まれる果糖《かとう》は夜に摂ると、結構太る原因になります。1日のエネルギー補充として、できるだけ朝食べることをオススメします。

また、忙しい人がやりがちなのが、〝ながら食べ〟。ついつい、パソコンで仕事をしながら、ケータイをいじりながら……としてしまいがちですが、〝ながら食べ〟は食べすぎてしまう原因になります。食べるときは、食事と向き合い、しっかりと味を噛《か》みしめましょう。

●いい睡眠は精神を安定させ、集中力を向上させる

次に睡眠について。そもそも、いい睡眠の定義とはなんでしょうか。

いい睡眠の条件は、

- 寝つきが良い
- 途中で起きない、起きたとしてもすぐまた眠りにつける

・起きたときにスッキリ起きられる

ということです。時間については、7時間程度必要と言われることもありますが、もちろん個人差があります。しかし、**最低でも5時間は必要**です。よく「自分はショートスリーパーだから」と言う人がいますが、実は世の中にショートスリーパーは、ごく少数しかいません。

それでは、いい睡眠を取るために、日常から心がけておきたいポイントをあげてみます。

・就寝する90分~120分前に湯船に浸かる
・手のひら、足の裏は温めない
・寝る前のスマートフォンは避ける
・カフェインを摂るのは寝る4時間前まで

・寝る前は激しい運動をせず、軽いストレッチ程度におさめる
・3食きちんと食べて生活リズムを整える
・夜は魚介類、朝はバナナや乳製品を摂取する
・基本は無音遮光
・朝、起きたらしっかり日光を浴びる

よく女性で、足が冷えるから寝るときにいつも靴下を履くという人がいます。しかし、人間は**体温を下げるときに眠気がくる**ので、靴下を履くと熱の発散が妨げられ、かえって安眠を妨害してしまいます。寝るときは、上手く体温を下げるために、手のひらや足の裏は出しておくべきなのです。足が冷える人は、湯たんぽを使ったり、レッグウォーマーを履いたりすると良いでしょう。

いい睡眠は精神の安定、集中力の向上だけでなく、お肌の調子を整えたり、免疫力を向上させたりするのにもとても大切。しっかりといい睡眠といい食事を意識しましょう。

CHAPTER LAST

最終章

選手の声からメンタルを読み解く

—— 3人の声から学ぶメンタル

ここまで、日常生活の中でも活かせるスポーツメンタルについてお話ししてきました。誰でも簡単に取り組めることばかりですので、ぜひ身につけていただき、大事な場面でも力を発揮できるメンタルを育んでいただきたいと思います。それでは最後に、もっと理解が深まるように、おさらいをして終わりましょう。最終章は少し趣向を変えて、「トップアスリートの声」を題材に、私がお話ししてきたことを振り返りたいと思います。

Voice 1

長谷部 誠 選手

（サッカー元日本代表主将）

――今、サッカーとは何ですか？ と聞かれたら、「仕事。愉しい仕事」と答える。「愉しむ」という言葉は捉えどころがないが、僕がサッカーを愉しめば、それを見てくれる人も愉しんでくれる。自分だけ思うままに生きて、愉しむというわけではない。万人を説得できる答えではないかもしれないが、つまりは人生を愉しむ連鎖を生みたいということなのかもしれな

い。僕がサッカーをするのは、前の項で書いた日本を強くするということと共に、「人が喜んでいる顔を見たい」ということもある。

――長谷部誠（2011）『心を整える。勝利をたぐり寄せるための56の習慣』幻冬舎より

あえて、〝楽しい〟ではなく、〝愉しい〟と書くところがいやらしいですね（笑）。この違いをまず書きましょう。

まず私たちが日常で使う〝楽しい〟とは、与えられたことに対して楽しく過ごすこと。既にあるものや設定されていることの中で楽しむこと。一方、長谷部選手の書いた〝愉しい〟とは、自分自身の気持ちや想いから感じ、生まれる楽しい状態のこと。そして、自分の意識、気持ち、考え方次第でどうにでも変化できること。

楽しい仕事は、仕事の概念が固定されている中でいかに楽しめるか。でも、愉しい仕事は、自分で楽しい空間を構築していくところからが仕事。サッカー

選手というと、「練習して、試合に出て、人に感動を与える仕事です」というのが一般的な説明でしょう。もちろんそれは正しいことですが、では、「あなたのサッカー選手像は？」とサッカー選手に聞いたら、本来は無限の答えが返ってくるはずです。日常生活でもそう。私は精神科医ですが、最終的に患者さんが良くなれば、どんな精神科医がいてもいいわけで、その幅は自分で作り出せます。確かに、職場では「どんな部署で、こんな仕事をして……」という基本はありますが、仕事環境だったり、コミュニケーションだったり、**仕事のしやすさややり方って、自分で作ることや変えることができる**んです。そんな風に、〝楽しい〟を作る愉しさを知っているのが長谷部選手なのだと思います。

そして人には、情動感染といって、情動が人に伝わるようになっています。だから、周りの人が楽しければ、他の人も自然と楽しくなるはずなんです。その楽しいを作るのはまず自分から、という意識が身についているのでしょう。そして、サッカーにおいて、人が喜んでいる顔を見たいと語る長谷部選手。これはまさに〝目的〟。目標でなく目的の方です。数値で表すことができないし、永遠の課題だから達成して燃え尽きることもありません。こういった目的をしっかり持っている選手は強いです。仕事でもなんでもそう。私の仕事のコンセプトは〝笑顔〟。目的は「少しでも笑顔で暮らせる人が増える社会を作ること」です。大げさかもしれませんが、大げさくらいでいいんです。それで人に迷惑をかけるわけではありませんから(笑)。

――自分の価値観と合わない人だと、人間はついつい悪いところばかり目についてしまうけど、いいところを探して、とにかく一度、信頼してみる。こっちが好意を持って話しかけたら、きっと相手も好意を持ってくれると思う。(中略)逆に嫌いだと思っていたら、そのニュアンスは相手に伝わってしまう。(中略)あまりに失礼なことがあったら距離を置けばいい。ただ、最初から食わず嫌いで近づかないと、自分自身が損をしてしまう。

――長谷部誠(2011)『心を整える。勝利をたぐり寄せるための56の習慣』幻冬舎より浦和レッズ時代、テレビ中継を見ていて長谷部選手に対してそこまで（この人のコミュニケーション力ってすごい！）という印象は持っていませんでした。どちらかというと、上手くない方に入っていました。しかし、海外での生活も経験した彼は、日本代表でのインタビューや練習風景を見ていても、コミュニケーション力の高さを感じます。

海外に挑戦して、上手くいっている選手の第一の特徴はコミュニケーションです。技術の問題はもちろんありますが、海外に行くほど上手いわけですから、それ以外の何かも必ず重要なはず。「堂々としたプレーを見せる」「自分の主張ができる」――海外での第一の難関といっても過言ではないでしょう。

そんな経験豊富な長谷部選手の言葉がこちらです。人でも物事でも、人間は悪いことばかり印象に残ります。危機管理能力としては、間違えたことではありません。しかし、悪いことばかり目につくようになると、いいことになかなか気がつけないようになっていきます。私が患者さんに「1日1個いいことを書いてきて」と話すと、「いいことなんて毎日ないです」と必ず返ってきます。

でも、それはいいことを探す目になっていないから。（どうせ私なんて、そんないいことないから……）そう思っている人は、10個いいことがあっても、1個の悪かったことですべてが帳消しになります。これは、行動だけでなく、人に対しても同じこと。人間、自分と価値観がすべて合うなんてことあり得ません。まずは、**いいところを探してみようと心がけてください**。心がけることが大事。悪いことを探しがちな人は、もうそれが思考の癖になっているので、意識してやらないとできないことなんです。

また、「こちらが好意を持つべきだ」という点については、心理学で〝好意の返報性《へんぽうせい》〟という言葉がありますが、まさにそのこと。これは**好意を向けたら、相手からも好意が返ってきやすい**という法則なのですが、長谷部選手は自然とそのことに気がつき、好意の返報性に則《のっと》って生活していたのです。

そして最後に「食わず嫌いだと自分が損をしてしまう」という点は、私もよく自分自身で思っていることです。私は、どんな人も自分が見ている面は一側面で、見えていない顔があると思っています。そして、その顔には私たちが気がついていない優しさだったり、お茶目なところだったり、自分にはない発想があったりして**色々なことを学べる可能性がある**と思っています。それなのに、（もうこの人苦手、はい、さよなら）としてしまうと、せっかくの学びの機会を自分から拒否することになります。ですから、日常生活で（ちょっと苦手かも……）と思っても、まずは話してみることを心がけています。長谷部選手も書いていますが、それでも失礼な人、どうしても苦手な人、相手が完全に自分のことを食わず嫌いしてきているなと感じる人、そういった人は一定数いますので、そういう人とはもちろん距離を置いていいです。全員と仲良くなれるわけではありませんが、まず一回は話してみる、その行動が大切です。

――「大一番で力を発揮するためにどうすればいい？」と聞かれるが、僕はそのときに「平穏に夜を過ごし、睡眠をしっかり取る」と答える。寝るという行為は意外と難しい。目をつむっても思い通りに寝つけないことも

多々ある。だからこそ、普段から「いい睡眠」を取るために夜の時間を自分自身でマネージメントできているかが鍵になる。

——長谷部誠（2011）『心を整える。勝利をたぐり寄せるための56の習慣』幻冬舎より

長谷部選手ほどのトップアスリートが、睡眠について、ここまで言及してくれているのは精神科医としてとても嬉しいことなので、取り上げました。**睡眠は、本当に生活の要。そして、メンタルの要**です。

普段の診察の中で、どんな患者さんにも必ず聞くことは、「睡眠は取れていますか？　何時間くらい寝ていますか？　途中で目が覚めたりしませんか？」ということです。睡眠は量だけでなく質も大切。なぜ大切かというと、睡眠が心身ともにもたらす効果が絶大だからです。第5章の中でも書きましたが、睡眠は自律神経を整え、ダイエットや美肌など女性が嬉しい効果もありますが、メンタルを整える上での最重要項目といっても過言ではありません。メンタル

を観測する指標にもなりますし、まず改善すべき点として治療にもなるのが睡眠なのです。

サッカー選手でいえば、睡眠はコンディショニングのひとつです。睡眠不足では体の動きにも当然影響しますし、前日脳がしっかり休んでいなければ、集中力にも影響します。下手したら、怪我もしかねません。そのくらい、睡眠は大切です。

忙しいとき、睡眠時間を削る人はとても多いですが、それは起きている間のパフォーマンスを低くしてしまうことにつながる良くない解決策です。私の患者さんの中で、回復期（もう仕事に復帰し、内服しながら日常生活も安定して送れるようになっている状態）の方が「最近、抑うつ気分は良くなったけれど、単純に忙しくてあまり眠れていないんですよね」といって来院されることがありますが、そんなときは、まず注意勧告します。「睡眠大切！　休むことの大切さ、学びましたよね？　脳を休ませるためにも少し早めに受診して、仕事のことを考えない時間を作りましょう」と言います。

うつ病などの精神疾患にかかりやすい人は、もともとがんばり屋さんで「がんばらなきゃ！」と自分を追い込んでしまいがちです。そういうときこそ、睡眠と休息が必要。忙しい人にとって、**睡眠と休息は意識して取らないといけないもの**です。特に、スマホが充実しているこの社会においては、脳が休まる空間なんてほとんどありません。ですから、意識して取ることが必要なのです。日常でのパフォーマンス向上は、この睡眠が大きなカギを握っています。

Voice 2

イチロー 選手

（元プロ野球選手）

——選手である以上、プレッシャーは感じていたいと思います。プラスにするもマイナスにするも自分次第です。プレッシャーのない選手でいたいとは思いません。

——「夢をつかむ イチロー262のメッセージ」編集委員会（2005）『夢をつかむ イチロー262のメッセージ』ぴあより

2002年、シーズン終了直後のインタビューで、ヒットへの重圧についてこう語ったイチロー選手。〝プレッシャー〟については、大抵の人は嫌なものという印象を持ちますし、私もよく「プレッシャーが重くて。耐えられないんです。プレッシャーを感じないようにするにはどうしたらいいですか」といった質問を受けます。しかし、人間の感情というのは、自然に湧き出るものですから〝感じないようにするには〟という方法は、残念ながら考えない方がいいでしょう。何か懸念事項があるときに（考えないようにしよう、考えないようにしよう……）と思う人がいますが、既にその時点でそのことについて考えているので、その事項にとらわれていることになります。ですから、プレッシャーを感じた上でどうするか、そちらの方がよほど重要です。**プレッシャーを楽しむといったマインドになるのはなかなか難しいことですが、少なくとも楽しもうとすることはできます。**これは、〝がんばるよりも楽しめ〟というわけではなく〝がんばることを楽しめ〟という意味です。今まで自分が準備してきたことを考えて、それを披露できることを自分の中で楽しむのです。

あのイチロー選手だってプレッシャーを感じるのですから、私たちがプレッシャーを感じるのは当たり前です。そして、そのプレッシャーに対する覚悟も意識しないとマイナスに向く可能性があるから、彼はこのように発言しているのでしょう。誰だって**プレッシャーがかかることは不安になるし、怖いものです。だからこそ意識してその状況でがんばることを楽しむ**――その気持ちが大切です。

――日本人は、自分をおさえることに「美」を見いだそうとしています。美徳なのか、そうしなければ生きていけないのかは、わかりません。

――自分を自分以上に見せようとするのがアメリカ人で、自分をできるだけ隠そうとするのが日本人ですよね。

――「未来をかえる イチロー262のNextメッセージ」編集委員会（2007）
『未来をかえる イチロー 262のNextメッセージ』ぴあより

日本人とアメリカ人の自己表現の違いについてのイチロー選手のセリフがこれです。まさに、特徴を捉えたものだと思います。自分を抑えることが美徳なのかそうしないと生きていけないのかは難しいところですが、少なくともそうした方がいいという社会の風潮はあります。それが〝空気を読む〟につながります。果たして、自己表現を抑えることがいいことなのでしょうか。

私は小学生アスリートに講義をすることが結構あるのですが、とある現場で、「自分の長所・短所を言ってみましょう！」と話した際に「いいところを言ったら自慢していると思われる……」と言って長所を話せない子供がいました。小学生にして、早くも自分を抑えているんですね。でも、考えてみてください。スポーツにおいて、自分のいいところを言わないことは果たしていいことでしょうか。もちろん自分を自分以上に見せようとするのが必ずしもいいこととは言いません。しかし、自分のいいところを言えないと、競争社会では完全に埋もれます。

監督がいいところを見つけてくれる——それはあるかもしれませんが、部活などで何十人、何百人と選手がいる中で、監督が自分のいいところをすべてキャッチしてくれるというのは少し他人任せのような気がします。もちろん、監督の中には選手のいいところを引き出すのがものすごく上手な人もいます。私の好きなイングランドのサッカークラブ、マンチェスター・シティのペップ・グアルディオラ監督は、その選手自身も知らなかったような才能を何人もの選手で引き出しています。そこそこベテランの選手を見事に復活させたりもしているので、選手のいいところを引き出すのが上手いのでしょう。しかし、これはプロという環境で選び抜かれた少ない選手だからできることとも言えます。やはり、**まずは自分のいいところを自覚できることが大切**です。

そして、自分のいいところを言うことが自慢に値するかということですが、これは言い方によるはずです。本来、自分のいいところを言うのは、ありのままの事実であれば、相手もそれは納得するでしょう。ですが「僕は人よりできるんだ、すごいだろう。どうだ！」というような感覚で言うと、これはよくありません。あくまで**できる事実をそのまま伝えることが大切**ですし、その人はしっかり自分の弱点もわかっているべきです。「私なんて……」と謙遜することより、「これはできて、これはできない」と事実をありのままに整理しておくことが成功への近道ですし、チームプレーにおいて周りと円滑に過ごすことの近道になります。

これは仕事でもそうで、人間誰しも得意・不得意があります。チームで何かの仕事をするのであれば、「私はこの仕事なら、以前やったことがありますし、早くできると思います。しかし、この仕事は経験がないので少し時間がかかるかもしれません」と事実をありのままに伝えれば、その仕事は分担するのか、教えながらやってもらうのか、それとも時間がかかってもいいから任せるのか、判断がつきやすいので、結果スムーズに進むことが多いでしょう。

実はこれ、日本人だからといった国民性に限らず当てはまることでもあります。たとえば、サッカーで有名なクリスティアーノ・ロナウド選手は自分の長所を聞かれたとき、「自分の武器はここだ」とはっきり答えました。一方、同じくポルトガル代表に選出されていたクアレスマという選手は「答えたくない」

と発言を避けました。対戦する相手のことを気にしていたのかもしれません。もちろんクアレスマもすごい選手なのですが、彼は超一流チームに移籍するとなかなか実力を発揮できない選手です。自分の武器を明確に言葉にできるかできないかは、どうしても差が出てくると思った瞬間でした。良いところが言えるということは、それを言っても相手に負けない自信があるところまで練習を重ねてきたということです。「良いところを言っても負けないぞ！」という自信が漲《みなぎ》った選手と、それを隠さないと勝てないと自覚している選手、果たしてどちらと戦ったら厄介と感じますか？

――成功する、成功しない、という報道になると思いますが、成功とはとてもあいまいなものです。他人が思う成功を追いかける必要はありません。

――「夢をつかむ イチロー262のメッセージ」編集委員会（2005）
『夢をつかむ イチロー262のメッセージ』ぴあより

この言葉、イチロー選手の言葉の中でも特に好きな言葉です。〝成功〟って確かにとても曖昧なんですよね。世の中で言えば、地位、富、名誉、そういったものを得ている人間が成功していると言われるでしょう。しかし、本当にそれが万人の成功なのでしょうか。私はそうは思いません。イチロー選手の〝他人が思う成功〟という言葉には、そのヒントが隠されていると思います。

私は医師という仕事をしていて、たびたび人から言われることがあります。それは、「美容って儲《もう》かるんでしょ？　元準ミス日本の肩書きを活かして、美容でやっていった方がいいんじゃない？」だったり、「産業医でもっとお金をとればいいじゃん」といったりする内容です。私はそう言われると、（私が何を求めて診察しているか、何もわかっていないなこの人……）と思ってしまいます。

目に見えるものに焦点を当てることは悪いことではないです。目に見える目標を作ることはやる気を出す上で、成長する上で非常に大切なことですから。しかし、目標達成イコールその人が考える成功ではありませんし、それだけを追いかけるのは危険です。たとえば、ひとつの試合で「ヒットを何本打った」や「何ゴール決めた」というのは誰から見ても目に見えるわかりやすい指標です。でも、それはあくまで結果でしかありません。その人が成長することが目的で試合に臨んでいるのに、目に見える結果だけを追いかけていると、逆にフォームが崩れてしまう、ということもあり得ます。その場合は、目に見えるわかりやすい指標を達成するよりも、その人が成長するためにやりたいことを達成して初めて成功と言えるのです。

どの世界でも、息が長い人は、目に見えるところに成功を置いていません。なぜなら、目に見えるところに成功を置くと、それを達成した後に何を追いかければいいのかわからなくなることもあるからです。いわゆる燃え尽き症候群です。目に見える成功が、成長する意欲を飽和させ、燃え尽き症候群の状態を作りやすくしてしまうのです。

私はここまで、ステレオタイプにハマらずに、自分なりのコンセプトを持った方がいいと話してきました。これもその理由のひとつです。**人が決めた成功**

ではなく、自分なりの成功の定義を作る――そうすると、成功の定義がどんどん生まれるので、成長欲が泉のように湧き出てきます。

――ぼくに誇れるものがあるとすれば、むずかしい局面になった時には、かならず、自分で決めてきたこと。

――「自己を変革する イチロー262のメッセージ」編集委員会(2013)『自己を変革する イチロー262のメッセージ』ぴあより

ヤンキースと契約更新をしたとき、イチロー選手はこう発言しました。スポーツ選手にとって、どのチームと契約するかは、その後の人生を大きく左右する要素になります。

そのように、その後の人生を左右するほどの大きなことではないにしても、人間誰でも決断が必要になるときはあると思います。そんな何かを決断しなければならないとき、ふと「どっちにするか決めてー」と言ってしまうことはないでしょうか。これが、「ランチはオムライスかハンバーグか」「東京ディズニーランドに行くか、東京ディズニーシーに行くか」といったことなら、人任せでもいいでしょう。「決められない！」という気持ちになるときがあるのもわかります。

しかし、仮にランチをどうするか、といった程度のことでも、自分の意見を持ち、人に言えることは重要だと思います。**日常でできないことを、大きな決断のときに急にすることはなかなか難しい**からです。だから、自分の意見を持ち、人に言うことは、日頃から心がけておきたいことですが、それは〝人の意見を聞かない〟ということではありません。むしろ、イチロー選手をはじめとする一流選手の多くは、真似をすることの大切さを話しています。意見を聞くべきときは、しっかりと聞くようにしましょう。私はここまで、質問することの重要性を書いてきましたが、質問したり、人のいいところを盗んだりすることは何をする上でも大切なことです。もっとも、それは「これが知りたい」という明確な気づきがあるときの話。自分に違う意見があるのに、それを発さずに人の意見だけで行動することとは違います。**他人の意見を聞きながらも、自分の意見があれば、それを伝えるという姿勢が大切**なのです。

サッカーの〝キングカズ〟こと三浦知良選手は、人とご飯に行っても、一定の時間になると必ず帰るというくらい自分を持った人だといいます。その行動を自分勝手と思う人がいるかもしれませんが、私には自分の軸をしっかり持った人というように思えます。三浦選手も、後輩をご飯に誘ったり、周りに目を配ったりすることは忘れません。しかし、自分がプロサッカー選手である以上、守らなければならないルールがあるのです。そしてそれは、自分で決めたことです。

何かをするとき、自分で決めたことか他人が決めたことかは、〝失敗したとき〟により重要になります。自分で決めたことであれば、失敗に対して言い訳ができないのです。それは一見つらそうなことに思えますが、**自分の責任だか**

らこそ、**未来は変えられるのです。他人が決めたことであれば、他人の操作はできないので未来はなかなか変えられません。**そうすると、改善策を考えることもできなくなります。自分で決めて自分が失敗したのであれば、未来の選択肢を考えることができ、ここから成長できるんだ、と捉えることができます。

ただし、すべての行動に対してこうすると息が詰まることになるので、加減は必要だと思います。私だって、なんでもかんでも自分の責任なんて思っているわけではありません。なんとなく調子が出ないときに（今日、調子が出ないのは天気のせい！）と考えることもあります。でもそれは、調子が悪くても自分のしたいことにあまり支障がないときです。自分のしたいことに対しては、調子が悪かろうが全力で挑まないといけないので、そこのさじ加減を上手くするためには、まず自分が本当に向き合いたいことを見極めることから始めましょう。

自分に甘くする方法は、ぜひ私のX（旧Twitter）を見てください。

自分を甘やかす言葉がたくさん出てきます。自分が本当にやりたいことを見極めたら、気を抜いていいところは自分に甘く、自分で決めたしっかり気合を入れるところは全力で。そんなメリハリをつけましょう。そしてぜひ、自分の気持ちを大切にしてください。

Voice 3

那須川　天心 選手

（キックボクサー・総合格闘家）

——父親に怒られる原因で一番多かったのは、試合内容のこと。負けたら怒られるのはもちろんだが、優勝しても試合内容で怒られた。

——那須川天心（2017）『覚醒』クラーケンより

那須川選手は、若いこともあり、家族とのエピソードも多いので、ここで少しだけ子育ての観点からの話をします。父親と二人三脚で格闘技を練習してきた那須川天心選手。アスリートは幼い頃から、他の子供が遊んでいる時間を練習に費やすことが多いのは想像がつくでしょう。アスリートの道を選んでいなければ、家族、学校、部活、友人、恋人、趣味……とたくさんの社会を作りやすいですが、アスリートは時間が限られるので、それが難しくなります。だから、普段から接する人の重要性が増してきます。そんな中で〝親〟の存在は、人が最初に持つ家族という社会で、一番影響力のある存在。その父親のこの行動は那須川選手に多大な影響を与えていると思います。

親はどうしても、「試合に勝った、負けた」という結果だったり、「スタメンに出られたかどうか」ということだったり、学校でもテストの点数など目に見える評価にのみ反応しがちなもの。しかし、「スタメンで出たからよくがんばった」「勝ったから偉い！」――そういった褒め言葉は果たして適切でしょうか。そこで褒められるようになってしまうと、子供としては、「勝たなかったらどんなにがんばっても評価してもらえない」「勝たなきゃ意味がない」「価値がない」と思うようになってしまいます。もちろん、勝つことはひとつの指標としては必要です。でも、**教育者がそこにフォーカスしてしまうと、がんばった経過について本人も見なくなってしまいます。**ですから、このお父さんの「勝ち負けではなく試合内容で怒る」というのは那須川選手が上手くなった秘訣のひとつだと考えます。

――僕は人から何かを教わると、まずは自分の頭でその意味を理解しようとするからだ。そして、少しでも疑問点があれば、すぐに質問するようにしている。（中略）フラットに自分の考えを聞いてもらえるだけでなく、質問に答えてくれるトレーナーじゃないと、僕の場合は練習のモチベーションが上がらない。

――那須川天心（2017）『覚醒』クラーケンより

習得が早い理由として、こう分析している那須川選手。同じ本の中に、菅原勇介トレーナーの声として、次のように書かれているところがあります。

――天心の場合、練習の後に必ず「どうでしたか？」と聞いてきます。やったことのない練習は「これは何のためのトレーニングですか？」と。（中略）だからこっちも勉強になるし、そういう姿勢だから天心は何個も別の練習をしても、すべて吸収できるんでしょう。

――那須川天心（2017）『覚醒』クラーケンより

このふたつの文は対になっていると思います。私もよく、わからないことは質問するようにしていますが、質問って双方にいいことがあります。聞く側はわからないことが解決するし、聞かれる側も応えられるように頭の中を整理、言語化し、より深く思考するようになります。質問された内容で知識が甘い部分があれば、そこを認識することにも使えます。仕事の場でも、質問ができるかどうかはとても重要な点です。

さらに、那須川選手がすごいところは、〃まずは自分の頭で理解しようとする〃ところ。単純に全部聞こうとしてしまうと、頭の中で考えていないので、質問していても、吸収力は半減します。まずは自分の頭の中で整理し、糸を解《ほぐ》そうとすることで、浸透率が格段にアップするし、質問の内容も濃くなります。

まずは自分で考えて、その上で相手に質問する――これは仕事でも日常生活でもいろんな場面で使えることです。上司の人であれば、部下から質問されることで、自分の知識も深まるはず。「わからないことがあったら質問してきて」という姿勢を見せることは、どんな場面でも大切です。

――公言しているのでファンの人には知られていることだが、僕は昔からビビリ屋だ。（中略）だけど、格闘技をやっていると「ビビリ屋で良かった」と思うこともある。相手の攻撃はもらいたくないので避けるし、先に当て

るようになる。（中略）実際、格闘技にはビビリ屋のほうが向いているという説があるらしい。ビビリ屋だからこそ自分の弱点を把握して、克服しようと本気で練習するからだろう。

——那須川天心（2017）『覚醒』クラーケンより

私たちからしたら、格闘技って、強くて、ガンガン自分から攻めていかないといけなくて、殴って、殴られて、怖い人たちがやっている競技という印象の人も正直多いのではないかと思います。でも、ビビリと公言している那須川選手。これは、那須川選手が自然体で自分のことを受け入れているということだと思います。

第3章の中で言いましたが、ポジティブと前向きは違うことで、ポジティブでいる必要はありませんが、前向きでいる必要はあります。私たちが本を読むときの姿勢も前を向いているはず。だから、前向きは自然体でいることそのもの。

自然体でいると、ポジティブなことだけではなく、悲しかったり、苦しかったり、ネガティブな感情も必ず出てきます。それは当たり前のこと。那須川選手も人間なので、そういった感情が出るのは当たり前だし、悔しいって感情がなくて成長する人はいないでしょう。だからこそ、まずはその気持ちをちゃんと受け入れること。その上で、どうすれば同じようなこと、たとえば試合だったり、プレゼンだったり、そうした場面で**失敗を繰り返さないようにするかを考えればいい**のです。それが前向きということ。まさに那須川選手が言っていることだと思います。まずはビビりな自分、相手の攻撃をもらいたくないと思う自分を受け入れること。そこから自分の成長の一歩が生まれます。

おわりに

どうでしたか？　この本には、私のスポーツメンタルのメソッドを詰め込みました。「この内容をすべて日常に取り入れてください」とは思いませんし、「これに全部同意してほしい！」とも言いません。「全然納得できない！」という意見もあると思います。でも、それでもいいと思っています。そう感じたということは、何かしらこの本により感情が生まれているということで、私としては成功です（笑）。本文の中でも書きましたが、まずは自分の心に向き合うことが大切です。この本を読み終わった今、どう思っているでしょうか。どう感じ、どう考えたでしょうか。今一度考えてみてください。

ちなみに私は、もともと〝超プライドが高い人間〟でした。自分を評価してもらえるように必死だったんです。でも、それってすごく疲れるし、結局嘘の自分だから虚無感しか生まれませんでした。プライドを捨てようと思っても、人間なかなか難しいです。だって、人から評価されたら嬉しいですもん。私ももちろんそうです。でも、プライドって超邪魔なんですよね。特に、同性同士の関係性の中では負しか生みません。それは勉強においても同じ。変なプライドは人との縁も自分の能力も、いろんなものを逃します。それってもったいないですよね。

私がプライドを捨てられた瞬間、それは自分の能力の無さを認めたときです。それは、「なんにもできない」という悲観的なものではありません。「この分野では、私は上手くいかないんだ」と思ったんです。そのとき、ふと変なプライドがなくなりました。できるフリをしようとすると、〝できるためにどうするか〟ではなく、〝できない言い訳〟を考えてしまいます。それは、同じ頭を使う作業でも、まったく意味が異なってきます。今考えると、できない言い訳ばかり考えて、努力というものはまったくしていなかったんですよね。それでは大成できないわけです。でも、そこで「これはできない!」と認めたとき、脳の〝言い訳製造枠〟がなくなって、他のことを深く考える時間ができました。それが私の場合、スポーツメンタルだったのです。

幸いなことに、スポーツメンタルについては、どんどん応援してくれる人が増えました。なんとか支えになろう、形にしようと協力してくださる方が常にサポートしてくださりました。今でもたくさんの人が支えてくれています。なぜこうなったか。もちろん、運や気の流れ、業界として発展途上でブルーオーシャンであったことなど、理由は多岐に渡ると思います。しかし、一番重要だったことは純粋にスポーツが好きだったこと、本当にその仕事がしたいという熱意があり、常に前向きに行動していたことがあげられると思います。好きなことを仕事にできている私は本当に幸せです。そして、こんなに支えてくれる人がいることにも、ありがとうの気持ちしかありません。私は本当に、運がいいと思います。何よりも人のご縁に対する運があるなと感じます。でも、この運というものは、放っておくと、スルスルっといなくなります。運を自分の人生につなげられるかは自分次第です。それは普段の生活の中に隠されていますし、その方法もこの本の中に散りばめたつもりです。

最後になりますが、この本を手にとって、ここまで読んでくださった方が少しでも笑顔になりますように。お読みいただき本当にありがとうございました。

それでは、ごきげんよう！

木村 好珠

装 丁：bookwall

著者紹介

木村 好珠（きむら・このみ）

精神科医、スポーツメンタルアドバイザー、産業医、健康スポーツ医。

1990年2月28日生まれ。東邦大学医学部卒。医学生時代に準ミス日本に輝いたことをきっかけに芸能活動を行い、タレント業と平行しながら2014年に医師免許を取得した。慶応義塾大学病院にて研修後、精神神経科に進む。2023年12月からは「このみこころとからだクリニック」を開設し、院長として勤務。産業医としてもたくさんの企業の健康づくりに携わっている。
筋金入りのサッカーフリークで、早くからスポーツメンタルに取り組んでおり、特にアカデミー年代のメンタル育成の普及に力を入れてきた。パラリンピック競技でもあるブラインドサッカー日本代表をはじめ、レアル・マドリード・ファンデーション・フットボールアカデミー、北海道コンサドーレ札幌アカデミー、愛媛FCトップチームなど数々のチームでメンタルアドバイザーを務めており、子供からトップアスリートまで、幅広くメンタルサポートをすることができる新鋭のスポーツ精神科医。著書に『人づき合いがスーッと楽になる コミュ力アップの法則』（法研）など。

【公式サイト】2024年５月現在

- WEBサイト
https://www.mental-konomikimura.com/
- X（旧Twitter）
https://twitter.com/konomikimura/
- Instagram
https://www.instagram.com/konomikimura/

スポーツ精神科医が教える

日常で活かせるスポーツメンタル

令和3年7月27日　第1刷発行
令和6年5月20日　第2刷発行

著　　者　木村 好珠
発 行 者　東島 俊一
発 行 所　株式会社 法 研
〒104-8104 東京都中央区銀座1-10-1
電話 03(3562)3611(代表)
https://www.sociohealth.co.jp

印刷・製本　研友社印刷株式会社

0102

SOCIO HEALTH

小社は(株)法研を核に「SOCIO HEALTH GROUP」を構成し、相互のネットワークにより、“社会保障及び健康に関する情報の社会的価値創造”を事業領域としています。その一環としての小社の出版事業にご注目ください。

ISBN 978-4-86513-831-3 C0077　定価はカバーに表示してあります。